E se Bambi fosse un Cacciatore?

Lisa Galli

E se Bambi fosse un Cacciatore?



Codice ISBN: 9798346961000

www.lafucinadeipensieri.it

A mio marito Fabrizio
e ai miei figli Matilda, Sebastiano, Costanza, Nina
e a chi è bene che ponga attenzione
ai Bambi che ha incontrato e che incontrerà

# Indice

1.
## Il ricordo
*È nel passato che trovi le spiegazioni del presente*


Questa mattina mi è arrivata una lettera.
La busta sembra innocua, in realtà è pericolosissima,
lo so. Da bambina era talmente insopportabile per me
pensare che mi potesse accadere qualcosa al di là del
mio controllo, che evitavo anche di giocare a Mono-
poli. Da più grande ci riuscii, perché potevo giocare
con lui, con Bambi, quando ancora credevo che fosse
un tenero cucciolo, il mio cucciolo.

Ho riconosciuto subito la mano di chi l'ha scritta,
quella calligrafia sinuosa che riconoscerei tra mille.
Ricordo bene la sensazione che ho provato quando ho
aperto la cassetta della posta e lei è scivolata a terra,
desiderosa di mordermi come un serpente e iniet-
tarmi il suo veleno, perché immagino che sia stata
scritta con quest'intenzione: farmi del male.

Ero indecisa se chinarmi per raccoglierla, poi il rischio che cadesse nelle mani sbagliate mi ha fatto fare
quel movimento fino a terra per acciuffarla.

Mi ha infastidito già il solo pensiero d'averla in
mano. Volevo distruggerla subito, strapparla in mille
pezzi e dimenticarmi di lei per sempre, buttandola nel
pozzo dell'oblio, ma non ci sarei riuscita.

Il suo colore rosa pesca è un'inequivocabile manifestazione cartacea di femminilità che non sopporto,
presagio di donna che desidera dirmi qualcosa che voglio ignorare.

Cerco riparo in cucina, il mio rifugio per le decisioni difficili. L'osservo dall'alto, dopo averla appoggiata sul tavolo. Mi siedo, illudendomi di ignorarla,
sforzandomi di non pensare a nulla. Invece la mia

mente inizia a vagare in un labirinto senza uscita fatto di mura di tormenti. Capisco che devo decidere qualcosa, ma non so cosa. Quando sono nel guado del dilemma sento sempre una frenesia alle gambe, irresistibile.

Mi alzo.

Prendo la mia cara, ormai vecchia, caffettiera rossa, quella che mi regalò mamma quando andai a Bologna a studiare.

Me l'affidò con un consiglio, tipo istruzioni per l'uso: "Utilizzala nei momenti in cui dovrai stare sveglia sui libri. Se sarai stanca, alzati, fatti un caffè. È scientificamente dimostrato che puoi arrivare a prenderne sette al giorno, ma tu non superare i tre, la medicina non è una scienza esatta!"

Da allora è diventata una mia parte, le ho anche dato un nome: Carolina.

Non mi sono mai separata da lei.

Tutte le volte che ho traslocato, e ormai sono già quattro, lei è sempre stata la prima a salire in macchina e la prima ad entrare nella nuova casa.

Senza accorgermene la prendo in mano, l'apro e le metto l'acqua. Poi aggiungo la polvere di caffè, disposta con il rito di quei tre buchi fatti con lo stuzzicadenti.

Me l'ha insegnato papà.

Avrò avuto sette o otto anni e mi affidò la ricetta del caffè perfetto. Mi fece sentire grande e importante e per lui lo ero, ne sono certa.

Mi disse: "Mi raccomando Marcella, prendi lo stuzzicadenti e fai sempre tre fori nella polvere del caffè, poi chiudi bene, che non esca l'acqua!"

"Ma perché tre fori, papà?"

"Tre è il numero perfetto, né troppo, né poco, e l'acqua scorre dentro e l'aroma lo senti per la casa.

Ogni casa che si rispetti ha nell'aria l'aroma del caffè!

Fa in modo d'avere anche in casa tua quel profumo di caffè che la farà sentire accogliente".

Per lui era importante.

Per me è diventato importante.

A volte si alzava anche di notte per farselo, diceva che gli conciliava il sonno.

Ho sempre cercato di profumare la mia casa con l'aroma di caffè, spesso lascio le finestre chiuse per custodirlo per l'intera giornata.

Papà è stato l'unico uomo che mi ha amata per come ero e non per come avrebbe voluto che io fossi.

Spesso, però, mi sono sentita anche da lui messa in discussione in maniera maldestra, come quando tornavo a casa da scuola con un 8 – di cui io ero orgogliosa, ma lui, immancabilmente, mi domandava: "Ma perché meno?" Non riusciva a dirmi semplicemente: "Complimenti, sei stata brava!" E quel voto, che per me era motivo d'orgoglio, perdeva d'importanza e di valore.

Il lavoro dei genitori è quello di far crescere i figli fortificati dal loro amore, però, per come ero fatta io, mi sono lasciata condizionare molto da loro. O forse mi fa comodo pensarlo?

2.
## L'umiltà
*Le meraviglie si attaccano*

La mia storia è iniziata ancor prima che io nascessi, molto prima, e mi è stata propinata in mille salse da tutti coloro che ho incontrato e che mi hanno detto:

"Tu sei come...", "Tu mi ricordi tua zia quando...", "Assomigli, con il tuo atteggiamento a...".

Le storie familiari sono potenti, attraversano il tempo per riproporsi nelle vite dei discendenti, finché qualcuno non riesce a sciogliere gli antichi nodi.

Se ci riesce.

Da piccola vedevo i miei genitori litigare, o come diceva mia madre, "discutere".

Questo mi lasciava perplessa sulla bellezza del matrimonio, tanto da ritenere che la felicità del decantato amore fosse qualcosa che appartenesse solo alla fantasia delle favole.

All'epoca mi confrontavo con Amanda, la mia migliore amica, al tempo del Liceo. Mi raccontava che i suoi non erano "mai e poi mai in disaccordo" e non alzavano nemmeno la voce.

Io rimanevo sbalordita, per me era impossibile e glielo dicevo pure: "Ma dai Amanda, non litigano davanti a te, ma chiunque discute, fosse anche solo per una sciocchezza!"

Lei insisteva che io non avevo esperienza in materia, perché non mi ero mai fidanzata e non avevo avuto nemmeno uno straccio d'avventura e "quindi, che ne vuoi sapere tu che in discoteca non hai nemmeno mai baciato uno?"

"Ma, Amanda, come faccio a baciare il primo che passa? Uno che conosco solo di vista?"

"Ma che domanda mi fai?! Hai visto come ho fatto io sabato sera? È arrivato il tipo che mi ha chiesto se volessi baciarlo in tono di sfida e io non mi sono tirata indietro".

"Per me è un po' difficile fare così. Sono timida".

"Allora fai come ti pare e perdi tutte queste occasioni, quando avrai trent'anni capirai di essere vecchia e ti pentirai di non avere vissuto la tua adolescenza!" Mi sentivo sempre inadeguata davanti ad Amanda che aveva una vita bellissima, piena di certezze; lei sapeva sempre cosa dire e cosa fare.

Era una ragazza molto attraente, elegante, brillante che camminava per strada stando dritta dritta, senza mai guardare per terra.

Portava lo sguardo sempre davanti a sé, essendo alta non vedeva quelli sotto il metro e settanta. Io ci rientravo a fatica nel suo target, perché sono giusto giusto un metro e settanta, anche se mio fratello Pietro ha sempre detto che di sicuro rubavo dei centimetri inventandomene cinque in più. I suoi fidanzati erano immancabilmente un metro e novanta. Dove poi trovasse tutti questi armadi non l'ho mai capito, ma a lei accadeva, direi sempre, di innamorarsi perdutamente di qualcuno!

In tutti gli anni del Liceo non è mai rimasta single un giorno. Lei aveva questa straordinaria capacità di convincermi d'avere sempre ragione e che io capissi molto poco di come girasse il Mondo. Io, invece, ero capace di lasciarmi convincere o di lasciarle credere di avermi convinta. Sul discorso dei suoi genitori, però, alla fine avevo ragione io.

Suo padre e sua madre, un giorno, si separarono, così, all'improvviso, e lei scoprì, a doccia fredda, che in realtà non si sopportavano da anni, si parlavano a fatica, ma non lo mostravano "per non preoccuparmi e litigavano molte notti, di nascosto, nella stanza più lontana della nostra immensa villa ... così mi hanno detto Marcella: «Abbiamo resistito fino ad oggi per te!»"

Con Amanda accadeva sempre una cosa strana quando io avevo ragione.

Lei non voleva mai apparire come una sprovveduta e cercava il modo di sminuirmi per dimostrare, forse a se stessa, che lei era indubbiamente meglio di chiunque altro, soprattutto di me. Quella volta che mi raccontò che i suoi genitori si stavano separando era molto in imbarazzo.

Pianse per ore e ore e concluse affermando che ero fortunata io a sentire discutere i miei genitori "perché nel tuo minuscolo appartamento almeno sei certa che nessuno ti potrà mai mentire!"

Pensai che avesse ragione, ma ancora una volta non potei capire se volesse farmi un complimento o offendermi: il mio appartamento era molto piccolo rispetto alla sua casa, ma non era certo minuscolo!

Poi sposò un uomo di vent'anni "più grande" di lei che aveva incontrato in discoteca quando lui, disperato perché la moglie l'aveva lasciato per un altro, trovò lei, desiderosa di costruirsi una famiglia.

Il giorno delle nozze mi sembrò un buon uomo, un po' buzzurro, però simpatico, grassottello e piccolotto, ma, alla fine del pranzo, scoprii che era più alto, più magro e più elegante al volante della sua Ferrari Rossa.

"Certo Marcella non è bello, ma è più ricco di mio padre e io gli porto in dote la mia giovane età, così siamo pari, non trovi?"

Non trovavo, ma perché dirglielo?!

Così sorrisi.

Avevamo quasi ventiquattro anni, lei aveva lasciato l'Università e io stavo per laurearmi in Giurisprudenza, lei aveva un marito e io ero pronta a tuffarmi nel mondo del lavoro alla ricerca di qualcosa che non sapevo, ma certo non di un marito.

All'epoca, anzi, lo ritenevo un impiccio di cui non avevo bisogno, o meglio: un ingombro, che non mi serviva in quel momento, ma che più avanti sarebbe stato necessario per realizzarmi al meglio, perché qualsiasi donna deve avere un marito!

È quello che mi ha sempre detto mia madre:
"Se non ti laurei pazienza, ma a un marito ci arrivano tutte!"

In cuor mio ho ringraziato i miei genitori che non mi hanno mai nascosto le difficoltà della vita matrimoniale.

Ammetto, però, che ho sempre pensato che, all'interno della mia coppia, di quella che forse un giorno avrei realizzato, sarei stata più capace di quella prima coppia di marito e moglie che avevo incontrato nella mia vita, che era formata dai miei genitori. E come genitore, se mai lo fossi diventata, certamente meglio di mio padre e mia madre e quando notavo quelli che giudicavo essere i loro errori mi convincevo che sarei stata diversa e non li avrei ripetuti.

La mia vita è stata un susseguirsi di "io non lo farò, io non lo sarò, io non lo chiederò".

Ho costruito la mia personalità non su quelli che erano i miei desideri, ma sull'idea di quello che non volevo essere o diventare.

Non sono mai stata una donna competitiva, però guardavo molto gli altri per essere diversa da loro.

Ero piena di certezze, ma non mi conoscevo veramente.

Mi raccontavo che, semmai mi fossi sposata, non avrei sottoposto mio marito a tutte le polemiche che faceva mia madre a mio padre; quando vedevo le donne attaccate ad un uomo, come mosche alla carta moschicida, mi ripetevo che a me non sarebbe accaduto e non mi sarei mai umiliata nel chiedere ad un uomo di non lasciarmi.

Penso di essere stata una donna molto supponente, ma avevo paura del Mondo ed allora mi sono sforzata di governare ogni cosa ed ho iniziato ad amare il controllo.

Mi faceva stare meglio saper cosa avrei fatto il giorno dopo. Non prendevo mai decisioni all'improvviso ed ero sempre sul pezzo.

Mia zia, sorella di mia mamma, mi ripeteva spesso: "Marcella ricordati che solo sapere perfettamente quello che stai facendo ti permetterà di non essere in balia degli eventi. Io lo so bene, perché ho sempre preso la vita con troppa leggerezza, senza pensare mai a quello che stavo facendo ed ora mi ritrovo con due matrimoni e tre figli da due padri diversi".

"Ma zia non mi sembra che ti sia andata male, viaggi sempre e fai una bella vita".

"Sì, ma non tutte riusciamo a sposarci due volte con uomini ricchi!"

A dire il vero mia zia non l'ho mai capita, ma in qualche modo anche da lei mi sono lasciata condizionare la vita, perché a me diceva sempre di non fare mai tutto quello che in realtà lei stessa stava facendo.

Ho poi imparato che, se stiamo troppo ad ascoltare gli altri, non saremo mai in grado di prendere in mano la nostra vita.

Essendo stata, però, sempre molto certa anche della mia intelligenza, sono andata avanti senza pensare che avrei permesso a qualcuno di condizionarmi o ingannarmi.

Questo è stato il mio errore numero uno: non pensare mai che qualcosa o qualcuno avrebbe potuto agire su di me al di là della mia presunta capacità di controllo.

Mia mamma mi ha sempre detto che "le meraviglie si attaccano".

A me si sono attaccate tutte le meraviglie del Mondo, del mio Mondo, di quello che per anni mi sono costruita con tanta dovizia di particolari.

E invece tutto quello che mi sono sempre detta che non avrei fatto o non mi sarebbe accaduto, mi è successo!

Delle volte ho pensato che la mia vita sarebbe stata più semplice se me ne fossi stata zitta e avessi vissuto senza farmi troppe domande e darmi troppe risposte con le mie certezze.

Questa, però, è una difficile impresa per me che sono sempre stata sollecitata da mia mamma ad analizzare ogni situazione utilizzando la mia intelligenza: "Marcella, tu non puoi vivere le cose senza pensare alle conseguenze. Se ti vesti in un certo modo, gli uomini sono liberi di pensare di te quello che vogliono!"

"Ma, mamma, se io metto una gonna corta, non per questo loro possono darmi una manata sul sedere!"

"Certo, hai ragione, ma tu sei una ragazza intelligente e non puoi pensare che se tu esci con uno e hai una gonna corta, questo poi non possa allungare la mano!!"

Quindi era sempre responsabilità mia qualsiasi cosa mi potesse accadere. L'intelligenza era l'unico strumento per salvarmi.

Quell'intelligenza che ti permette di pensare su più livelli: pensi a quello che vuoi fare; pensi alle conseguenze di quello che vuoi fare; valuti costi e benefici; prendi atto dell'eventuale errore, ma, soprattutto, cerchi d'evitare la possibile delusione, quella degli altri, però, non la tua.

E alla fine? Agisci pensando che se qualcosa va storto la colpa sarà tua, perché le tue valutazioni non erano corrette.

Vita complessa, sempre sotto controllo con costanza e contenimento delle emozioni e, soprattutto, con logica e calcolo intelligente.

3.
**Il bisogno**
*Mi devo fare scegliere*


Questo è stato, senza ombra di dubbio, il mio peggior difetto: credere di essere molto intelligente e capace di controllo, di riuscire a limitare quello che mi portava dolore, di sopportare tutto e di essere in grado di fare tre cose contemporaneamente.

Beh, quest'ultima è vera!

Me l'hanno sempre detto tutti, anche Christian.

È stata la prima cosa che ha sottolineato di me:

"Mi piaci, perché sai fare tre cose nello stesso tempo: scrivere, rispondere al telefono e dirmi di sì se t'invito a prendere un caffè al bar qua sotto."

Me lo disse tutto d'un fiato e io mi persi nei suoi grandi occhi blu che spalancò come solo un Bambi può fare.

Purtroppo nelle vicinanze non c'era nessuno che mi potesse urlare: "Scappa!"

Ma se anche ci fosse stato, probabilmente, io non lo avrei ascoltato.

Io stavo diventando preda inconsapevole ed ero troppo supponente per potermene accorgere.

La supponenza è una brutta bestia.

Prende origine dall'insicurezza.

Tu non vuoi sentirti insicura, perché altrimenti ti spaventi e ti senti sguarnita nei confronti del Mondo.

A quel punto, senza accorgertene, trasformi la paura in supponenza e ti racconti che nessuno potrà mai ingannarti.

Subito non avevo capito che Christian mi stesse invitando fuori, ma poi lui prese il mio cappotto, me l'appoggiò sulle spalle e mi diede il suo braccio.

In quel momento pensai:

"È il mio cavaliere!"

Invece era il mio capo.

Lui, avvocato, io, una delle sue praticanti, lui quindici anni più di me e ci sapeva fare.

Pensai ad Amanda e compresi cosa ci trovava in un uomo più grande di lei: la certezza di essere meglio di tutte le altre, soprattutto di quelle più vecchie.

Mi sentivo una principessa, diversa da tutte le smorfiose con cui Christian usciva di solito e lui iniziò a tessere la sua tela. Credo che sapesse quello che stava facendo, però non ho mai capito se il suo metodo fosse scientifico. Forse così consapevole non lo è mai stato, ma ora mi accorgo che continuo a giustificarlo del male che gli ho permesso di farmi.

Iniziò in modo burlesco a raccontarmi delle sue donne che immancabilmente, in un modo o nell'altro, faceva passare dallo studio. Quando entravano mi stringeva l'occhio come a dirmi: "Solo tu sai del mio segreto, neanche lei sa che tu sai!" Con questo giochino dell'"io so che tu sai che lei non sa" mi ha letteralmente spiazzata e conquistata, perché da una parte soddisfaceva il mio bisogno di controllo e dall'altra, senza che io me ne rendessi conto, uscivo dal controllo.

Era lui che gestiva il tutto.

Faceva arrivare in studio all'improvviso queste donne, mi chiedeva: "Secondo te quella c'è stata con me o ci potrebbe stare?"

Io mi sentivo lusingata, perché elevata al pari di lui e, allo stesso tempo, credevo di proteggermi, perché sapendo di tutte le sue prede non avrei potuto diventarne una io.

Questa era la mia logica.

Il fatto stesso che le conoscessi mi faceva stare bene con me stessa e appagava il mio bisogno, che non mi rendevo conto di avere, di sentirmi più intelligente delle altre.

Avevo sempre pensato di non essere competitiva, invece lo ero, e anche molto.

Su questo Bambi fece leva.

Alla fine dei conti, l'unico motivo perché avesse logica il fatto di conoscere le sue amanti, era che mandavo io i mazzi di rose a suo nome, dopo che loro avevano ceduto alle sue lusinghe.

Ero semplicemente l'operaia addetta alla bassa manovalanza.

A volte arrivavo in studio e trovavo sulla mia scrivania un biglietto su cui lui aveva scritto nome, cognome e indirizzo.

Non aveva bisogno di dirmi altro, andavo dalla fioraia e finivo il lavoro con quel suo rito. Era sempre lo stesso mazzo di dodici rose rosse.

La banalità del mazzo di fiori scelto mi dava ancora di più un senso di sicurezza, perché non c'era differenza tra l'una e l'altra, erano tutte uguali e, quindi, nessuna importante.

Per quelle donne i fiori erano l'inizio della storia, per lui la fine, il saluto, il commiato.

Alcune le ho viste tornare in studio con le lacrime agli occhi e quella domanda stampata sul viso:

"Ma perché a me? Non ti avevo fatto nulla e tu mi hai spezzato il cuore".

Da parte mia io le trovavo sciocche ed ero convinta che se lo meritassero, in qualche modo.

Se erano così sprovvedute da credere a Christian, non era certo colpa sua, erano loro a essere delle povere illuse a rincorrerlo per sposarselo.

Povero il mio Bambi, così amato e desiderato da tutte!

Ma come puoi credere a un uomo che ti riempie di complimenti, ti dice che non ha mai incontrato una come te e ti chiede di non domandargli mai di fidanzarti, perché certe parole gli fanno impressione!

Impressione?!

"Ma loro, Christian, ci credono veramente?"

"Certo! Perché tutte credono sempre che saranno le prime a farmi cambiare idea.
Il trucco è questo Marcella: fai credere a una donna di essere la prima a fare qualcosa con te e lei sarà già tua prima ancora che tu inizi a provarci con lei!"

Me l'aveva anche detto!

Adesso, a pensarci, mi viene pure da ridere.

Mentre mi raccontava come seduceva le altre, Bambi stava seducendo me.

Io pensai immediatamente che loro erano tutte delle ingenue, ma, allo stesso tempo, pensai anche che io fossi la sua preferita.

Il gioco era fatto!

Avevo scommesso sul rosso passione, illudendomi di poter sbaragliare il tavolo della roulette.
Ma non ero io il croupier; ero, invece, la pallina bianca che gli permise di farmi roteare per il tempo necessario a rendermi sua. E in quel punto mi fermò.

Alla fine dei conti, nessuna delle sue donne era da biasimare.

Lui era bello, ricco e simpatico.

Cosa vuoi di più da un uomo?

All'epoca me le figuravo in fila come oche star-nazzanti che non avevano capito nulla degli uomini, o meglio, nulla di lui.

Io, invece, avevo capito tutto, ne ero certa.

È stata la sicurezza in me stessa a funzionare come un boomerang e quello che vedevo nelle altre non riuscivo a coglierlo dentro di me, eppure c'era, era solo nascosto dalla mia presunzione.

4.

## L'ascolto
*Il cuore sussurra quello che la mente preferisce non pensare e l'orecchio non sentire*

Così ho continuato per un po' a essere una complice di Christian.

Lui entrava in studio, mi sorrideva di nascosto, e mi chiedeva: "Marcella, hai chiuso la pratica che ti ho lasciato sulla scrivania ieri sera?"

"Certo avvocato!" squittivo io "È stata la prima cosa che ho fatto stamattina e non si preoccupi, l'ho finita con cura e premura!"

Mi sentivo la più furba di tutte, anche delle colleghe del mio studio, o meglio, del suo studio.

Alla fine dei conti sono sempre stata in competizione con tutte. Non so da dove mi sia venuto questo bisogno di emergere sulle altre.

Il mio stupido bisogno di competizione!

Ricordo la prima volta che mi diede soddisfazione e che lo sentii dentro di me.
È stata in terza liceo, l'anno della maturità, con il professore di Storia e Filosofia.

Io, naturalmente, ho fatto il miglior Liceo Classico della mia città. I miei genitori, che non avevano studiato, erano molto orgogliosi di dire che andavo al Cavour. Quando gli amici chiedevano loro che scuola frequentassi, vedevo che si riempivano la bocca nel pronunciare, in modo molto lento, "Ca-vour". Percepivo bene come spezzassero il nome in modo che durasse il più a lungo possibile quel momento di grande orgoglio per loro.

In classe c'era una competizione latente, sommersa, che i professori cavalcavano credendo che fungesse da stimolo per farci studiare di più.

Un giorno, il bellissimo professore, iniziò ad interrogare in modo diverso. Non ci chiese gli autori, ma quello che noi pensavamo di loro, di quanto avevamo studiato, "voglio che voi mi stupiate come nessuno ha mai fatto prima, voglio che voi vi sentiate critici per un giorno, perché voi siete meglio di loro".

Questo "meglio di loro" fu la molla per fare scattare in ognuno di noi, studenti acerbi nel riconoscere le proprie emozioni, il desiderio di essere meglio di tutti, a partire dai compagni per arrivare, solo in seconda battuta, agli autori.

Io amavo con tutta me stessa quel Professore, perché era semplicemente bello. Non so se fosse anche bravo, quello non mi importava. Allora alzai la mano e parlai.

Devo avere detto una frase intelligente, che ora non ricordo nemmeno, perché quello che mi sconvolse e mi inorgoglì, e senza rendermene conto mi segnò più di quanto io non abbia mai immaginato, fu la sua affermazione:

"Brava Marcella! Sei sempre stata la più intelligente di tutti i miei studenti ed anche oggi non ti sei smentita, sei anche meglio dei tuoi compagni maschi, perché hai la sensibilità di una donna accompagnata dalla sfrontatezza di un uomo!"

Quanto può essere influente un Professore sui propri studenti? In che misura le sue parole possono plasmare la personalità dei suoi allievi? Il peso di certe frasi cambia col passare del tempo, assumendo significati diversi a seconda del momento della vita in cui le si rievoca.

All'epoca, interpretai quelle parole come un elogio significativo.

Ora, con occhi più consapevoli, riconosco che si trattava di un luogo comune tipico di chi, consciamente o inconsciamente, considera le donne meno capaci degli uomini, come se la "sfrontatezza" fosse una prerogativa esclusivamente maschile.

Io so solo che da lì in avanti ho sempre sentito la necessità di sottolineare la differenza tra me e chiunque altro, perché se io ero sfrontata come un uomo, potevo anche essere meglio degli uomini e, per Christian, ero quella con la mentalità più maschile di tutte:

"A volte penso che saresti il mio amico perfetto!"

Per lui ero io la migliore, la più fidata, la più scaltra e così, confidenza dopo confidenza, me ne sono innamorata.

Profondamente.

Perdutamente.

Pazzamente.

5.
## La libertà
*Il silenzio ti imprigiona, la tua voce ti libererà*


Carolina gorgoglia come per riportarmi al mio presente, nella mia cucina, davanti a questa lettera color rosa pesca, davanti alla mia scelta: aprirla o non aprirla? È il profumo del suo caffè che mi riporta a quel primo caffè al bar con Christian, quando avevo chiuso gli occhi e annusato il profumo.

Non volevo che fosse un caffè come gli altri, desideravo imprimere nella mia mente ogni momento, sapore e aroma di quell'appuntamento.

Mi sembrò lo stesso profumo del caffè di Carolina.

Ancora oggi, dopo tanto tempo, potrei descrivere com'eravamo vestiti, cosa ci siamo detti e la posizione esatta del tavolino nel bar.

È stato lì che ci siamo baciati la prima volta.

Non me l'aspettavo.

Era caduto il cucchiaino e insieme ci siamo chinati per raccoglierlo.

Se fosse accaduto ad una mia amica le avrei detto:

"Che banale! Da film dozzinale!", ma per me fu tutt'altro, fu l'estasi e lì, in quel momento, perdetti me stessa.

Lo desideravo già da alcuni giorni, ma ancora lui non si era lasciato andare.

Aveva preso l'abitudine di chiamarmi, anche davanti ai colleghi, "Socio!".

Avevo pensato che così volesse dirmi che ero simile a lui, che avrei potuto essere parte di lui, che non sarei più andata da nessun'altra parte senza di lui.

Se un uomo, desiderato da molte donne ti lusinga, tu ci caschi, o meglio, io ci sono cascata. È impossibile riuscire a resistere, a meno che non si abbia ben presente che esistono persone che mentono e che pensano sempre prima al loro bene, mai al tuo.

Questa sarà una lunga giornata.

I pensieri si susseguono l'uno all'altro mentre con la coda dell'occhio osservo questa maledetta lettera. La sua sola presenza inizia a farmi aprire tanti cassetti di ricordi che avevo abilmente chiuso per non pensare.
Perché sono inciampata in quel bacio con Christian?
Inciampata in un bacio.
È possibile inciampare in un bacio?
Lo desideravo e, senza rendermene conto, piano piano stavo cedendo alle sue tentazioni, alle sue lusinghe, a quel farmi sentire unica e speciale, ma non in modo limpido.
Era tutto un nascondiglio, un far finta di essere quello che non era e solo io avevo l'onore di saperlo. Cosa faccio adesso? Ho paura di perdere tutto, se solo apro e leggo questa lettera. E la mia vita mi passa davanti, come la moviola di un film.
Le scelte, i pensieri, le parole, le opere e le omissioni che hanno indirizzato la mia esistenza, mi si presentano nella mente come mai mi era capitato prima.
Ho letto da qualche parte che questo succede quando stai per morire.
Come faranno poi a saperlo!?
Ma io sto per morire?
Forse una mia parte.
Quando avevo trent'anni una mia carissima amica si ammalò di leucemia e fu sottoposta al trapianto di midollo osseo.

Mi raccontò che in quei quarantatré giorni di camera sterile, in cui dovette stare in isolamento dopo il trapianto, non vide nessuno, se non il personale medico e paramedico, i suoi genitori e la sorella. Fu proprio in seguito a quella forzata distanza che la mia amica giunse a riesaminare la propria vita, cogliendo significati che in precedenza le erano sfuggiti.

I colloqui con la psicologa del reparto l'aiutarono a non smarrirsi e a mantenersi coerente nella sua crescita di conoscenza che proseguì una volta tornata a casa.

Ci sono eventi di vita traumatici che fermano il quotidiano e danno il tempo di pensare di compiere un cammino di narrazione e di consapevolezza.

Ma questa lettera è un trauma per me?

Con i miei ricordi rimetto in fila una serie di accadimenti e di sentimenti e li rivivo con altrettanta intensità di quando mi sono capitati, ma li osservo a distanza.

Che strana sensazione che mi dà questa lettera!

Mi sento protetta nella mia cucina, è la stanza più calda della mia casa.

Desidero con tutta me stessa leggere questa maledetta lettera, ma la mia voce interiore mi sussurra:

"Fermati, prima il caffè!"

Cerco di proteggermi come posso dal dolore che mi porterà il leggere questa lettera.

Piango.

Perché non devo aprire una lettera color rosa pesca?

Conosco bene la mano che ha scritto il mio indirizzo.

Riconoscerei quella calligrafia tra mille.

L'ho sempre trovata stucchevole, troppo tonda e formosa, esattamente come chi l'ha scritta. La mia calligrafia è asciutta, secca forse, ma senz'altro decisa. Ma dove è finita la mia capacità di decidere, la mia sicurezza?

Leggo ad alta voce l'intestazione, come se decidessi in questo momento di raccogliere il guanto della sfida.

Chi vincerà tra me e questa lettera color rosa pesca?

Le singole lettere sono calcate, quasi a bloccarle lì, per sempre:

"Alla mia cara amica Marcella Monti"

Torno a ripetere quelle parole, ma questa volta ad alta voce sottolineo con il tono la parola "amica".

Ecco, è questa parola che da sempre mi dà fastidio, perché non corrisponde alla realtà, ma Vanessa mi ha sempre fatto credere di essere convinta del contrario. Mi ha sempre chiamata: "La mia migliore amica."

Io la trovavo una definizione un po' adolescenziale, ma piaceva a lei e gliela concedevo, facevo finta che non mi desse fastidio ed io come rispondevo quando lei la utilizzava? Sorridevo.

Quante cose ho concesso nella mia vita? Quante volte, pur essendo consapevole di non essere d'accordo, ho lasciato che le cose andassero così?

Da quando mi sono sposata con Christian non vado più a Messa. Lui continuava a definirlo un bisogno da "bigotta". Non ricordo esattamente quando iniziò, ma so che lo ripeteva costantemente, e io non volevo essere etichettata in quel modo. Non è stata colpa sua se alla fine ho smesso di andare a Messa, allontanandomi da un'abitudine a cui tenevo tanto. Ad un certo punto una persona deve fare i conti con se stessa: non può essere sempre colpa degli altri per ogni decisione che prendiamo. Quando siamo davanti a un bivio con più strade, siamo anche chiamati alla consapevolezza e al riconoscimento di noi stessi e la strada che sceglieremo è quella che in quel momento pensiamo abbia più senso per noi.

Mio marito non è un credente e se Christian non desidera fare qualcosa, in automatico ho sempre lasciato perdere anch'io. Per quale motivo?

Sento il bisogno di accontentarlo, è più forte di me ed io mi metto in secondo piano, o meglio, mi sembra di primeggiare se mi posiziono un passo dietro di lui, non al fianco, sempre dietro, perché lui mi ripete spesso "se non avessi dietro di me una donna come te, non sarei stato capace di fare tante cose".

Frase geniale del mio piccolo Bambi appoggiata nel mio orgoglio come una piccola scheggia di diamante.

Quante cose ho lasciato andare senza riflettere se le desiderassi veramente?

Forse aveva ragione Amanda? Mi sono lasciata sfuggire una serie di occasioni, e ogni volta che è accaduto ho perso una parte di me, la possibilità di conoscermi o di capire chi volessi diventare. A pensarci bene, però, forse ho smesso di fare tutto quello che in realtà trovavo faticoso fare; forse non è responsabilità di Christian, ma è una mia scelta quella di essere eccessivamente accomodante tanto da diventare malleabile.

Chissà perché tante donne, di quelle che ho incontrato, danno la colpa ai loro uomini per quello che loro stesse non fanno più?
Quante volte anche le mie amiche mi raccontano che loro ambirebbero a fare di tutto e di più se potessero!

Mi snocciolano rosari di "farei ... andrei ... vorrei" e poi sono ferme lì, bloccate dentro ai loro matrimoni con mariti che, invece, fanno tutto quello che vogliono.
Eppure nessuno, nemmeno Christian, mi ha mai impedito di fare qualunque cosa: il limite me lo sono posta sempre io, da sola.
È che andare a Messa diventava complicato. E poi dopotutto lui ha fatto tante altre cose per me, al di là della Messa.
Ad esempio ha fatto... ha fatto... Ma cosa ha fatto per me? Non mi viene in mente niente. Eppure qualcosa l'avrà pur fatta...

Alla fine, pur di non perdere tempo in discussioni che ritenevo inutili o perché non volevo risultare pesante o perché mi è stato insegnato che non sta bene litigare, lasciavo perdere.

Ho sempre lasciato perdere.

Nel tempo ho poi imparato che parlare al momento opportuno e in modo corretto, anche della rabbia che si può provare, vuol dire semplicemente dare a noi stessi e agli altri la possibilità di capirci reciprocamente, di confrontarci e di venirci incontro a vicenda.

È un'affermazione dei propri e degli altrui confini; la rabbia non rimane dentro, la gestione del conflitto diventa un tempo di maturazione e, soprattutto, non stai perdendo tempo.

6.
## Giù la maschera
*La dignità non è sopportare, ma scegliere di darsi valore*

Io non ho mai avuto una migliore amica, ma Vanessa era molto convinta del contrario e questo mi lusingava e prendeva silenziosamente spazio dentro me.

Mi sentivo cercata, ambita, desiderata.

Vanessa mi faceva sentire unica, migliore di lei, quella che sapeva proteggerla da se stessa, perché si presentava come ingenua e incapace di non farsi del male.

Vanessa era l'esatto opposto di Amanda.

Dalla prima mi sentivo gratificata, dalla seconda mortificata, ma la prima era più pericolosa della seconda.

Vanessa, in realtà, con i suoi grandi ed enormi occhioni, mi stava conquistando scomponendomi in mille pezzettini e su di me giocava a Risiko.

Ha posizionato i suoi carri armati e le sue bandierine sulle singole parti del mio corpo: prima al cuore, poi al cervello, poi alle gambe e alle braccia fino a quando mi ha paralizzata e ha iniziato a muoversi come desiderava, senza aver bisogno di chiedermelo.

Ogni azione che affermava di intraprendere a mio vantaggio, in realtà, la portava avanti per il proprio tornaconto. Amanda, invece, proseguiva nella sua vita come se io fossi una semplice dama di compagnia.

Vanessa era Bambi, il mio primo Bambi, Amanda una che era passata nella mia vita lasciandomi il ricordo delle nostre differenze, ma mai e poi mai mi ha calpestata quanto ha fatto Vanessa, la cara, dolce, innocua Vanessa.

Uffa! Devo o non devo aprire questa maledettissima, profumatissima, elegantissima lettera color rosa pesca?

Desidero aprirla e trovare conferme di tutti i miei sospetti.

Lei sarà stata ricca di particolari nello scriverla, ma non sopporto di darle questa soddisfazione.

E me la immagino in piedi davanti a me che mi guarda con quel suo sorriso di chi ha vinto e gode dell'altrui sconfitta.

Ma io non ero quella decisa? Quella che si lasciava scivolare addosso ogni cosa e mai nulla l'avrebbe scalfita?

Quella che diceva di essere capace anche di rimanere single? Single, che modo garbato di dire sola.

Sola?!

Non mi sono mai sentita sola, ho Carolina, l'ultimo aggancio con la mia giovinezza e con l'idea di spaccare il mondo.

Ma l'ho poi spaccato questo mondo?

In un certo senso, sì.

Ho un lavoro di responsabilità, ero (e sono!) una bella donna di quarant'anni, ho degli uomini che mi fanno i complimenti e ho, soprattutto, un marito: mio marito!

Ecco, sì, mi ritengo realizzata proprio grazie alla presenza di mio marito, come fosse un raro animale d'appartamento che sono riuscita ad accaparrarmi.

Che cosa strana mi sta accadendo?

Sono arrivata a pensare che la mia identità esista grazie a un uomo!

Eppure, mi sono sempre detta che a me non sarebbe accaduto.

Il valore di una relazione sentimentale non l'ho mai sottovalutato, ma non come unico obiettivo di vita e non come base della mia identità.

Il matrimonio, quello fatto in Chiesa o in Comune, quello certificato, non è cosa da poco conto al giorno d'oggi.

Ci sono uomini che dicono di amarti tanto e che tengono a te, ma che non vogliono sentirsi legati a una donna per un pezzo di carta.

Pezzo di carta?

Gli uomini come Christian chiamano così il matrimonio: un pezzo di carta!

Poi Christian ha conosciuto me e ha cambiato idea, mi ha chiesto di sposarlo ed è stato in quel momento che mi sono illusa di essere il Cacciatore.

Per me il matrimonio è sempre stato una manifestazione d'amore: dedizione, donarsi all'altro senza paura di perdere qualcosa, rimanere con la netta convinzione d'averci solo guadagnato, giurare a qualcuno e a se stesse che sarà per sempre.

Fanno presto le donne che si accontentano di una convivenza a dire che per loro è lo stesso, ma non è vero e io lo so, sono un avvocato!

Quante donne ho visto rimanere senza niente.

Hanno concesso i loro anni migliori a chi non le ha mai volute proteggere per sempre.

Perché il matrimonio serve anche a questo: a proteggersi in caso di bisogno, per sempre.

Tutela da chi ti vuole buttare via come un abito vecchio, da chi vorrebbe lasciarti senza un soldo, da chi non ti prenderà mai sul serio, da chi muore senza avvisarti prima, perché tu possa prepararti, da chi ti dirà che la colpa è tutta tua se deve andarsene con un'altra, perché tu sei cambiata o non sei stata capace di cambiare.

Una volta ho seguito la causa di una cliente che era rimasta con un uomo per venticinque anni, senza sposarsi:

"Mi amava e questo mi bastava. Era vedovo e non voleva un secondo matrimonio. Io lo comprendevo, anzi lo giustificavo.

Era questione di rispetto... per la moglie. La poveretta era morta troppo giovane. Io, invece, avevo lui e, questo, era tutto per me.

Siamo stati tanto felici, la sua famiglia mi frequentava, spesso mi avevano riconosciuto il merito d'averlo salvato da una depressione certa, perché era innamoratissimo di sua moglie. Ho contribuito a crescere i suoi figli. Sa, i ragazzi, quando persero la mamma, avevano otto e dieci anni.

Mi aveva chiamata come governante e io ho amato quei bambini come fossero miei, poi ho amato lui come fosse mio, ma in realtà non mi è mai appartenuto, è sempre rimasto fedele alla moglie, sulla carta voglio dire.

E pensare che ha vissuto più con me che con lei... Poi si è ammalato e io sempre al suo fianco, i ragazzi dovevano pensare alla loro vita.

Poi è morto e con mia grande sorpresa ho scoperto che non mi aveva lasciato nulla, perché non ero sua moglie.

Una volta avevamo avuto una discussione accesissima, perché gli avevo chiesto l'usufrutto della casa.

Pensi avvocato, l'usufrutto mi ero permessa di chiedergli, nemmeno la proprietà!
Lui mi aveva apostrofato: «Ingrata! Con tutto quello che ho fatto per te!»

Mi aveva presa in casa a lavorare, poi mi aveva trasformata nella sua compagna e così, a ben pensarci, aveva risparmiato anche sul mio stipendio non versando nemmeno i contributi! Ma la responsabilità di tutto questo non era sua, era mia che avevo creduto che fosse in buona fede. Non mi fece mancare mai nulla, finché fu in vita e riuscì a fare un'ottima carriera grazie a me che tenevo dietro ai suoi figli e alla sua casa, perché entrambi rimasero sempre solo suoi. Non mi lasciò nulla, nemmeno una lettera di scuse o di ringraziamento".

Mentre quella donna mi raccontava la sua storia, io pensavo che non mi sarei mai fatta ingannare da nessuno, perché ero troppo intelligente per cascarci.

Il mio lavoro è particolare.

Ho la possibilità d'ascoltare tante storie che mi permettono d'avere un'ampia visione dell'umanità, uomini o donne che siano. Non è che una parte sia migliore dell'altra, ognuna incontra le sue difficoltà.

Diciamo che io ho una finestra dalla quale colgo l'opportunità d'osservare particolari che altri non possono notare.

Sugli uomini ammetto di essere sempre stata diffidente, più che sulle donne.

La mia idea su di loro è colpa o merito di mio fratello Pietro, maggiore di quattro anni, che mi insinuò il dubbio che gli uomini potessero essere dei venditori di fumo.

Una volta, a quattordici anni, mi trovavo con lui in centro sotto i portici e una ragazza lo salutò con grande entusiasmo, guaendo un: "Ciao Pietro!" che non lasciava spazio alla fantasia.

Mio fratello era bellissimo, lei si emozionò e nel pronunciare il suo nome era evidente che, in realtà, gli stesse dicendo: "Baciami, baciami adesso, qua e per sempre!"

Si fermò e parlarono insieme con un tale fermento d'ormoni che io dissi: "Fate pure, come se io non ci fossi".

Pietro la guardò intensamente negli occhi e pronunciò, con grande sensualità, la frase che illuminò le mie future intuizioni sul genere maschile:

"Ciao, Stella, sono veramente felice di averti incontrata!"

Peccato che la stessa identica frase la ripeté a una seconda ragazza e, quando la disse di nuovo alla terza, gli domandai: "Ma si chiamano tutte Stella?"

"Ma cosa dici Marcella! È l'unico modo che ho per chiamarle senza confonderle."

"E loro ci cascano?"

"Ti sembra che abbiano qualche dubbio? Quando tra qualche anno un uomo ti chiamerà Stella, e vedrai che capiterà, non credergli assolutamente, ha solo paura di sbagliare nome e allora sai cosa dovrai fare?"

"Cosa?"

"Mollalo!!! Lascialo immediatamente, scappa da lui, non ti ama e non ti amerà mai! Se un uomo ti ama davvero, ti chiamerà sempre e solo con il tuo nome, perché anche il solo pronunciarlo lo manderà in estasi!"

Pietro è sempre stato un esagerato e un romantico, però trovai utile e saggia la sua prescrizione e non ho mai dato a nessun uomo la possibilità di chiamarmi Stella una seconda volta, anche se a Christian, al mio Bambi, ho permesso di chiamarmi "Socio".

Mio fratello ebbe talmente tante fidanzate che ne persi il conto e la cosa che trovavo buffa, e mi divertiva, era che io stessa, per paura di confonderle, le iniziai a chiamare tutte "Stella".

Tutte, una alla volta, a seconda di chi c'era in quel momento.

Non m'impegnavo nemmeno a ricordarmi il loro nome, perché sapevo bene che se ne sarebbero andate, come tutte quelle che erano venute e tutte quelle che sarebbero arrivate.

È triste?

Era una loro scelta quella di lasciarsi prendere in giro da lui, perché la sua intenzione di sedurre al di là di chi avesse davanti era un'evidenza. A volte la dichiarava proprio in fase d'approccio e la lanciava come sfida:

"Ti va di uscire con me e dimostrarmi che non sono l'uomo adatto a te?"

Sarà anche stata una frase stupida, però funzionava benissimo e aveva presa soprattutto con quelle che erano più algide.

Pietro non si è mai sposato.

Io, invece, ho un marito guadagnato sul campo della vita che devo difendere a tutti i costi, perché quando decidi di sposarti, dev'essere assolutamente per sempre.

Ma potrò tenermi mio marito dopo aver letto questa lettera color rosa pesca?

7.
**La Sveglia**
*La verità che ti scuote*

Esistono persone davvero subdole.

Gli esperti le definiscono manipolatrici, io preferisco chiamarle Bambi.

Riconoscerle è un'arte, ma con la giusta chiave di lettura, diventa sorprendentemente semplice… con la giusta chiave di lettura… che io non avevo né quando ho incontrato Vanessa, il mio primo Bambi, né dopo, quando ho incontrato Christian, il mio secondo Bambi.

Sorrido e mi domando come ho fatto a non accorgermene prima: uno passi, ma due… Eppure, è accaduto ed a chi è distratto o poco umile o bisognoso di attenzioni o semplicemente insicuro, può accadere di incontrarne molti di più.

Possono essere sia uomini che donne, è indifferente, e li individui per i loro occhi, gli stessi di Bambi quando ha paura del Cacciatore.

Ti fissano con uno sguardo innocente e vulnerabile facendoti sentire il padrone della situazione.

I loro occhi si dilatano, colmi di un apparente terrore verso il mondo intero.

Quando incroci quello sguardo, il tuo istinto dovrebbe urlarti di fuggire rapidamente, anzi, velocissimamente, perché in realtà non hai di fronte un cerbiatto indifeso, ma un abile Cacciatore.

Il vero Bambi sei tu, che ti sei illusa di essere il Cacciatore.

Il Bambi si presenta sempre come una creatura indifesa e incompresa.

Vieni a conoscenza di sue azioni che, secondo la tua morale, sono assolutamente riprovevoli. Eppure, inspiegabilmente e inconsciamente, tendi a giustificarlo. Ti perdi nell'abisso dei suoi occhi, ti ammalia con la sua espressione innocente e fragile, e ti convince che solo tu, novella Mandrake, sei in grado di prenderti cura di questo cucciolo.

Sentirti l'unica a capirlo ti fa vivere un'ebbrezza di onnipotenza, un'illusione di genialità e di capacità relazionali fuori dal comune.

Tu sei la prescelta, quella che vuole come confidente, amica, protettrice, mentore.

E tu ci credi, oh se ci credi! Ti gratifica essere l'unica che sa, che comprende, che lo protegge.

Potrebbe essere la tua amica o il tuo potenziale amante o un familiare, sicuramente qualcuno che molti vorrebbero al proprio fianco.

Ma Bambi è selettivo nelle sue frequentazioni.

Quello che ignori è che, se sei stata scelta, devi possedere determinate caratteristiche: credere di essere la più forte tra voi due, saper resistere alla tentazione di spifferare i segreti che ti confiderà, essere sufficientemente umile da non volerlo mettere in ombra, essere convinta che se qualcosa va storto la colpa sia tua, per non averlo previsto o per averlo permesso.

Bambi, che sia uomo o donna, è originale, presuntuoso, orgoglioso e, soprattutto, perfido. Ma tu interpreti tutto questo come fragilità che potrebbero mandarlo in frantumi come fosse un cristallo. Senti di doverlo proteggere, anche a costo della tua stessa vita. È proprio questo sentimento che ti fa credere di essere, tra voi due, la più forte e capace.

Le persone non sono mai fragili, sono vulnerabili e hanno la capacità di trasformarsi: quelle buone migliorano, alcune di quelle cattive appaiono come Bambi, in mezzo c'è tutto il caleidoscopio dell'umanità.

Quando finalmente capisci chi hai davanti, la rivelazione ti coglie impreparata, perché ormai sei convinta che il vostro legame sia privo di pericoli.

Ci vuole del tempo prima che tu te ne renda conto. Intuisci che c'è qualcosa di diverso, ma pensi ancora una volta di essere tu il problema. Invece tu non sei il problema, tu hai un problema: Bambi.

È quando inizi a intuire che Bambi non è Bambi che incominci a vederlo per ciò che è veramente, ovvero il Cacciatore, e ti accorgi che raggiunge sempre i suoi obiettivi, e non sono certo i migliori per te.

Il suo modus operandi è sempre lo stesso: Bambi individua la preda, la seduce sbattendo gli occhioni, appare perennemente in pericolo a causa del suo carattere indifeso e irraggiungibile, a tratti scontroso.

Ti racconta che nessuno lo capisce, o meglio, solo tu lo capisci veramente. E tu non sospetti minimamente di essere la preda, la sua preda.

Se qualcuno assistesse casualmente alla scena, capirebbe all'istante che la preda non sa di essere tale, e vorrebbe urlarle "Scappa!!!", ma la preda è ostinata, crede fermamente di essere il Cacciatore.

E invece Bambi prende la mira e spara.

Chi credeva di essere il Cacciatore si accascia.

È troppo tardi.

Non c'è più salvezza.

Se pensi di essere il Cacciatore, sei destinata a essere abbattuta da Bambi.

Ci vuole umiltà per salvarsi.

Non pensare mai, e poi mai, di essere il Cacciatore, perché prima o poi incontrerai il tuo Bambi.

Io l'ho pensato e il Bambi l'ho incontrato.

Nessuno mi ha mai spiegato che esistono le persone cattive e quando nessuno ti mette in guardia, cresci tranquilla e fiduciosa verso chiunque incontri.

8.
## L'autenticità
*Vivi e non sopravvivere*


Quanti pensieri oggi formulo nella mia cucina! Con la coda dell'occhio vedo Carolina che mi aspetta.

Lei non mi tradisce mai e il mio tempo è il suo tempo.

Al contrario di Christian, noi due abbiamo sempre avuto tempi molto diversi.

All'inizio lui pensava che Vanessa non fosse capace di fargli da segretaria e io ho dovuto pure convincerlo per darle questa possibilità:

"La conosco, è una ragazza in gamba che ha bisogno di lavorare e tu stai cercando una segretaria, concedile quanto meno di fare una prova!"

Poi la prova si è trasformata in un contratto a tempo indeterminato e il fatto che fosse mia amica mi ha sempre illusa che nessuno dei due mi avrebbe mancato di rispetto, né lei, né lui.

Dopo, quando gli ho chiesto di licenziarla, mi ha fatto notare che era stata una mia idea e che non poteva togliere il lavoro a una persona "con la crisi che c'è! ... E poi, Marcella, mi sembra esagerata tutta questa tua gelosia per una donna che non è neppure laureata!"

Anche lui, come me, è sempre stato molto attento al titolo della Laurea ritenendolo, addirittura, un imprescindibile requisito di una sua eventuale moglie.

La sua particolare attenzione alla pergamena corrispondeva alla richiesta di sua madre che era figlia di un avvocato, moglie di un avvocato e, finalmente, madre di un avvocato.

E la nuora?

"Christian, mi raccomando, con le donne divertiti finché ti pare, ma che tua moglie sia un avvocato! Non sopporterei una donna in giro per casa con una di quelle lauree semplici semplici tipo Psicologia. Avrei tra i piedi una che crede di capirmi più di quanto non mi capisca io!"

Quando sono entrata in casa sua e ho sposato il suo unico figlio, erede di denaro e di uno studio legale ben avviato, lei ne è stata lieta, non credo per la donna che sono, ma per la mia laurea e la mia abilitazione, e mi ha fatto comprendere da subito il confine tra noi due:

"Cara, potrai sempre contare su di me, per te io ci sarò sempre! Ti chiedo gentilmente solo d'evitare di venire da me per lamentarti di tuo marito, per chiedermi d'intercedere tra voi e per supplicarmi di sostenerti quando lui deciderà di andare con un'altra. Qualsiasi cosa accada tra voi due, sappi che io non permetterò mai che lui divorzi da te! Il matrimonio è sacro e non va interrotto! In questa casa le donne sopportano con dignità e non divorziano!"

In poche parole, mi chiarì per bene il fatto che prima o poi lui si sarebbe disinteressato a me, ma non mi avrebbe mai chiesto il divorzio, perché maman, come la chiamava lui per canzonarla, non avrebbe gradito.

All'epoca l'ho trovata una donna inquietante, per un po' ho cercato di piacerle, poi ho abbassato le mie aspettative.

Era inutile cercare di ottenere da lei qualcosa che lei per prima non era capace di dare.

E lei non avrebbe mai saputo amarmi.

Non l'ho mai infastidita con frasi su suo figlio che lei avrebbe potuto ritenere stupide o futili e ognuna di noi ha condotto la sua vita.

Una sera alla settimana andavamo a cena a casa sua, lei mi domandava se preferissi mangiare il primo o il secondo "perché alla sera bisogna stare leggeri e la tua pancetta inizia a vedersi", io sceglievo tra l'uno e l'altro e lei mi preparava sempre l'opposto.

Ma anche quella l'ho interpretata come una sua regola non dichiarata e, infurbendomi nel tempo, ho incominciato a chiederle di prepararmi quello che non desideravo, così ero certa che potevo mangiare quello che in realtà volevo.

La vita è una semplice questione di adattamento a chi hai davanti.

Mia suocera forse non era una donna cattiva, era semplicemente egoista e ho provato per lei un po' di pena.

Il marito era stato un uomo pubblico, temuto, stimato, ma anche odiato. Non aveva pietà per gli avversari del foro e nemmeno per le donne. Per lui era un dovere conquistarle tutte e non certo un piacere, ma non era colpa sua, è che gli era stato insegnato in questo modo dagli uomini che avevano contribuito alla sua educazione: il padre e il nonno.

Così mi diceva Christian.

La moglie ne era al corrente, ma non batteva ciglio, lui le aveva garantito una vita economicamente agiata e le aveva chiesto solo una cosa:

"di sopportare con dignità."

"Sopportare con dignità" era la frase preferita di mia suocera, me la sono sentita dire anche il giorno del mio matrimonio.

Quella mattina volle venire a casa mia per aiutarmi a vestirmi e, quando ero ormai pronta, aprì un piccolo scrigno che teneva gelosamente in borsa.

Mi porse il suo dono di nozze: un paio di orecchini con due grandi e sfavillanti diamanti, incorniciati in una splendida montatura d'oro bianco.

Le sue parole, sempre poche e dirette, furono:

"Ecco, Marcella, ora sono tuoi! Questi sono sempre appartenuti alla nostra famiglia, adesso che sarai sua moglie sono sicura che rimarrai con lui per sempre. C'è un prezzo per ogni cosa e questi orecchini, come tutto ciò che lui potrà darti, costano di sopportare con dignità"

Poi uscì dalla mia stanza, dritta come un fuso, ancheggiando come uno struzzo, con quel suo collo lungo-lungo che le permetteva di tenere la testa sotto la sabbia. Ma quanto ha sofferto quella donna nella sua vita?

È stato in quel momento che ho visto lo spessore del suo patimento, perché alla fine, se ci penso bene, si dev'essere sentita abbandonata anche dal figlio, che l'ha lasciata per sposare me.

Se non fosse stata per quell'ultima frase che mi ha detto sul letto di morte, sarebbe passata nella mia vita come un meteorite, all'apparenza compatto, nella realtà, facilmente disgregabile a contatto con l'atmosfera:

"Marcella, si può soffrire con dignità una vita di fianco a un uomo che non ti vede, ma non si può mai perdere il rispetto di se stesse per amore di un uomo che non ti ama!"

L'ha detta così, all'improvviso, mentre chiudeva gli occhi per sempre davanti a me e a suo figlio, che non ha versato una lacrima, mentre io, inginocchiata al suo fianco, le tenevo la mano.

"Christian, cosa mi ha detto tua madre?"

Ero confusa e credevo di non avere sentito e capito bene.

"Poveretta, teatrale come sempre! Il dottore me l'aveva detto che con i farmaci che stava prendendo poteva vaneggiare e dire cose che non pensava o che non avrebbe mai voluto dire."

"... Che non avrebbe mai voluto dire..." ho ripetuto io, stordita da quella frase e già convinta, all'epoca, che Vanessa fosse per lui più che una segretaria.

Che giornata di pensieri questa!
È sabato.
Christian è andato a giocare la sua solita partita di tennis e io, che avevo bisogno di camminare per riflettere sulla mia vita, sono qua che non riesco a uscire dalla mia cucina, in compagnia di questa lettera color rosa pesca.

Mi volto verso la mia Carolina, con garbo prendo il suo manico con la destra, la tazza con la sinistra e la metto sulla tavola.

Verso il caffè: caldo, intenso e il profumo m'invade l'anima. Socchiudo gli occhi e mi riempio i polmoni del suo aroma. Quest'odore, quest'odore di caffè che non è uguale a quello che sentivo in casa mia da bambina! Ma perché qua, in casa mia, non riesco a ritrovare quel profumo? Guardo il fumo uscire dalla tazza su cui è stampata l'immagine di Lady D.

Me la regalò Vanessa in quel viaggio che abbiamo fatto a Londra.

Uscite da Harrods me la diede in mano:

"Per te, amica mia, perché le assomigli: sei bella e intelligente e invidiabile ... esattamente come lei!"

Il paragone m'inquietò.

Non capivo cosa volesse dirmi tra le righe.

Era da qualche mese fidanzata con Martino, un commercialista che lavorava giorno e notte:

"Il marito ideale, se vuoi non essere troppo impegnata!"

Martino, belloccio al punto giusto da non farti sfigurare, se passeggi con lui in centro, ma non tanto adone da essere ambito da altre.

Si erano conosciuti dal benzinaio, il luogo privilegiato di Vanessa per i suoi abbordaggi.

Lei, da quando la conosco, usa sempre la stessa tecnica: arriva al distributore automatico dopo avere ben guardato se c'è qualcuno d'interessante. In quel caso, scende con la banconota in mano, incomincia a trafficare alla colonna dei soldi e poi si gira per chiedere un aiuto:

"Scusi, ma sono solo una donna..."

Dice quella frase, perché è convinta che agli uomini piaccia sentirsela dire e si inteneriscano nel vederla in difficoltà e, una volta agganciati, vogliano dimostrare il loro valore.

Continua la sua performance ammiccando con fare da Bambi indifeso e nessuno sospetterebbe mai che il cuore è quello del Cacciatore.

Vanessa crede sempre di condurre il gioco!

Anche con Martino è stato così, era convinta di tenerlo in pugno e che fosse suo fino a quando avrebbe voluto.

Per questo è arrivata in studio il lunedì e ha incominciato a segnare sul calendario quello che sarebbe accaduto tra loro in quella settimana.

"Marcella, ho conosciuto un tipo che mi mangio in un boccone e me lo giro come voglio su una mano sola! Allora: se ieri sera era domenica e io gli ho lasciato il mio numero di cellulare, lui mi chiamerà mercoledì, per chiedermi di uscire sabato. Io dirò che ho un impegno, così anticipiamo a venerdì e poi torneremo fuori domenica sera per un aperitivo."

"Ma se per te è lo stesso venerdì o sabato, perché vuoi anticipare?"

"Perché con un uomo devi capire da subito se sei tu quella che decide il come, il quando e il dove uscire e il cosa farci.

È al primo appuntamento che verifichi quanto te lo puoi giostrare. Ti devo insegnare proprio tutto io, Marcella!"

Ma le amanti insegnano alle mogli come sono fatti gli uomini?

Forse sì, se le mogli volessero accorgersi che esistono le amanti.

Intanto in quell'occasione mi ha fatto vedere come ha gestito Martino che le telefonò il mercoledì per uscire il sabato e invece la incontrò il venerdì.

La settimana successiva è stata quella del "vedere se possiamo essere amici, perché Marcella, quando l'amore passa, che resti almeno l'amicizia!"

Ha parlato per lunghe ore in macchina dimostrando a lui che lei non era una facile: "Perché a uno sconosciuto gliela puoi dare fin dalla prima sera, ma non a quello che può essere tuo marito!"

La terza settimana è stata quella decisiva, più carica di aspettative, dove Martino doveva dimostrare "le sue potenzialità sotto le lenzuola. Non sarà facile per lui farmi vedere di essere un grande amatore, ma con il fatto che non sa di tutti gli uomini che ho avuto, non si sentirà sotto pressione. Del resto, non potevo dirglielo, altrimenti l'ansia da prestazione giocherebbe a suo sfavore!"

Martino le dimostrò che non aveva uguali!

"No, ma tu non puoi capire Marcella, non puoi avere un'idea di quello che abbiamo fatto e come l'abbiamo fatto. Lasciatelo dire, Marcella, ma nemmeno Christian è capace di tanto!"

È stato proprio quel "nemmeno Christian è capace di tanto" che mi ha fatto bloccare in piedi in mezzo allo studio.

Vanessa non se n'è accorta, ma le mie gambe sì, per un attimo sono rimaste rigide, marmoree, sedate dal suo lapsus freudiano.

Ho letto quel poco di psicologia tanto da capire che quello che Vanessa mi aveva detto, ma soprattutto per come me l'aveva detto, poteva corrispondere a una sua fantasia o a una realtà o a una mia fantasia divenuta realtà.

Da lì Martino è diventato il mio idolo e ho scommesso su di lui.

Non incominciavamo la giornata senza parlarne: lei a lamentarsi delle più piccole inezie e io a giustificarlo.

Ma lo facevo apposta? Io non sono una persona calcolatrice come lei, ma è anche vero che non ho più perso occasione di elencare i pregi di Martino e trascurarne i difetti. Poteva fare e dire qualsiasi cosa che per me era meraviglioso:

"Come sei fortunata Vanessa, un uomo così non è facile da trovare, solo le donne, con esperienza come te, riescono a fare venire fuori il meglio di un uomo. Lo stai plasmando a tua immagine e somiglianza!"

Devo ammettere che in alcuni momenti mi sono sentita anche bugiarda e sleale. Martino si dimostrava caruccio, ma non certo questo paniere di bontà.

Quando era schivo, io dicevo che era romantico e che le stava preparando senz'altro una sorpresa. In effetti la sorpresa arrivava, perché Vanessa incominciava a ricordargli di qualche strampalato anniversario "la prima volta che ci siamo visti", "la prima volta che ci siamo baciati", "la prima volta che siamo andati al cinema" e, senza rendersene conto, faceva leva su qualche suo senso di colpa che lo portava a piccole attenzioni in più ... Senza rendersene conto? Ma sono ancora qua a giustificarla?!

Christian era diventato con lei maggiormente scontroso e sembrava non accettare più i suoi errori di disattenzione. Lei era distaccata, non si avvicinava più per mettergli a posto la cravatta prima delle udienze importanti.

Quello del nodo alla cravatta è un rito di Christian.

L'ultima persona che è assunta in studio deve mettergli a posto il nodo prima che lui esca. Il rito è rimasto nel tempo, anche se mi dà fastidio, anche se è stupido mantenerlo, perché lo fa sembrare un sultano con le sue mogli, dal momento che in studio, guarda caso, siamo tutte donne, a parte il suo vero Socio, rigorosamente uomo.

Quando Christian consumava con Vanessa il rito del nodo, mi sono anche accorta che lei gli faceva l'occhiolino e lui sorrideva tra il lusingato e l'imbarazzato.

Ho chiesto a Christian, dopo il lapsus di Vanessa, se aveva una liaison con lei e da cretino mi ha risposto: "Figurati!"

Allora ho capito che era vero!

9.
## Spezzare le catene
*La consapevolezza conduce alla libertà*

Christian non ricordava più che ai tempi in cui mandavo mazzi di fiori alle sue amanti e non avevamo ancora incominciato la nostra storia, mi aveva confidato che "se qualcuno mi chiede se ho una storia con una donna in particolare, ad esempio con te, Marcella, anche se fosse vero, io negherei sempre, con chiunque.

L'unico a cui faccio intuire la verità è Augusto, il mio miglior amico, perché lui tiene ben custoditi i miei segreti; ci conosciamo da sempre e sappiamo tutto l'uno dell'altro e a lui rispondo: *Figurati!* che vuol dire sì!"

Dopo la nostra prima uscita, era passato dallo studio proprio Augusto che gli fece notare quanto fossi bella e perfetta e lui si era voltato, mi aveva guardato negli occhi e, scivolandomi dentro l'anima, aveva risposto all'amico: "Figurati!"

Così avevo capito che voleva me.

Mi siedo, dopo aver messo nuovamente Carolina sul fornello.

La tazza è sul tavolo e Lady D mi guarda con un sorriso di comprensione.

Cosa faccio?

Resisto ad aprire questa lettera?

Vanessa è l'unica donna che riesce a spingermi fino al burrone per vedere se azzardo quel passo in più da precipitare. Come quel giorno, quando mi è uscita quella frase di troppo su Martino. Non sapevo più cosa inventarmi e, alla sua ennesima lamentela, dissi: "Vedrai che sta mettendo via i soldi per sposarti!"

Non so se è stato il mio eccessivo entusiasmo a farle intuire che stavo mentendo.

Ero disperata.

Avevo paura della sua grinta felina e che acchiappasse Christian, come la gatta che quando vede il topo lo rincorre fino a prenderselo e, secondo me, lui era la sua facile preda.

Qualcosa nella mia voce mi ha tradita e lei, immediatamente, si è avvicinata a me, mi ha scrutato, ha guardato dentro alla mia anima, anche lei come Christian, attraverso i miei occhi e ha miagolato un: "Ti piacerebbe, vero?!"

Sapeva bene che Martino non l'avrebbe mai sposata, forse sarebbe andato a convivere con lei, ma nulla di più.

Secondo Vanessa per lui, che desiderava non deludere i suoi clienti, una moglie toglieva tempo al lavoro e Martino voleva esserci sempre per le persone importanti che spesso lo invitavano a grandi ricevimenti. Lei, effettivamente, era perfetta da sfoggiare in quelle occasioni e ci teneva talmente tanto da adattarsi a qualsiasi giorno della settimana.

Quelli erano gli appuntamenti che non provava mai a spostare! Ecco, lì diventava mansueta, mentre per il resto decideva sempre lei.

Lui la lasciava fare, ma la verità era molto diversa da quella che mi raccontava Vanessa.

Martino era presente nella nostra vita da circa un anno, esattamente il tempo in cui Christian aveva chiesto a Vanessa di essere la segretaria del suo socio:

"Tuo marito mi ha detto di cambiare mansioni per un po'..."

Ecco, quando s'indispettisce con lui lo chiama "tuo marito" e quella volta mi ha suonato un po' come:

"Quello stronzo di tuo marito!"

Poi ha tenuto a precisare: "Perché, Marcella, voglio che tu sia al corrente di tutto. Christian mi ha detto che sono troppo distratta, che con lui ho troppa confidenza, perché sua moglie è la mia migliore amica e quindi mi manda a lavorare con il suo Socio, perché così sto più attenta, perché ho meno confidenza, come se con Federico ..."

"Come se con Federico cosa?"

"Ma niente Marcella, ho detto per dire."

Lei non dice mai nulla per dire, eppure con Federico mi è sembrato impossibile e non ho voluto indagare, ma nemmeno immaginarmeli insieme. È un uomo veramente brutto, con la gobba, sempre piegato sui libri, per me è impossibile che tra loro ci sia stato qualcosa!

A volte penso che Vanessa si prenda gioco di me e mi faccia credere più di quanto sia in realtà e io ci casco sempre!

Mi sento talmente insicura che sono disposta a pensare che sia vero tutto quello che lei sottintende!

Dopo che avevo visto Christian prendere le distanze da Vanessa, ho creduto ingenuamente che fosse possibile frequentarla di più.

Ma perché?

A volte penso che quella donna mi affascini talmente tanto che forse mi piacerebbe essere come lei!

Quando Vanessa mi ha chiesto se mi andasse bene passare le ferie estive insieme noi quattro, io ho risposto:

"Non ci sono problemi!"

Ma come ho potuto dire:

"Non ci sono problemi" ...?

Ce n'erano e ce ne sono, enormi, per giunta.

Mi capita d'inciampare in situazioni assurde e, anche se me ne accorgo, continuo a camminarci in mezzo, anzi, quasi le cerco.

È molto probabile che la mia fosse una provocazione e volessi la conferma di essere meglio di lei!

In modo torbido ho cercato la situazione in cui Christian e Vanessa fossero sotto i miei occhi e io potessi osservarli e controllarli, al di fuori del contesto professionale.

Pazzesco!

O forse volevo mettere tutti alla prova per vedere a che punto fossero le nostre coppie?

Martino e Vanessa che giravano intorno al palo del matrimonio, a sentire lei, Christian e io che eravamo ormai sposati da diversi anni senza figli.

Già, senza figli!

Questo mi dispiace più di quanto racconti in giro.

Ho incominciato a rispondere, a chi me lo chiede, che non m'interessano, che non sono pronta, che sono ancora giovane. Ma i giorni, i mesi e gli anni passano e ormai mi sento un po' ridicola a dire "c'è tempo". Quando ho chiesto a Christian, o meglio, l'ho supplicato di provarci e di vedere perché non arrivavano, lui mi ha silurato con un secco:

"Si vede che non te li meriti".

Io sono rimasta basita, per un attimo ho pensato di avere capito male, poi mi sono ripresa, gli ho risposto un "cos'hai detto?", ma lui è uscito di casa, sbattendo la porta.

Una reazione esagerata, senza senso, anche se poi sono andata oltre giustificandolo, come sempre, tra me e me, come spesso faccio quando capisco che non voglio capire cosa mi dicono le persone.

È stata l'unica volta in cui ho parlato con sua madre, che ovviamente non era voluta entrare in merito alla questione, ma aveva detto un "anche suo padre non riusciva ad averli".

"Anche suo padre non riusciva ad averli in che senso?"

Che fatica con Christian e sua madre, dover chiedere, ogni volta, il senso delle loro frasi!

Loro non mi hanno mai risposto e io ho sempre dovuto arrivare da sola alle conclusioni, senz'altro anche sbagliando.

Quella volta, però, la madre, dal momento che desiderava più di ogni cosa al mondo un nipote "perché tutti i matrimoni hanno almeno un figlio e la nostra famiglia non può finire con Christian", si era degnata di aggiungere un:

"Rifletti bene sulla frase che ti ho detto, perché all'interno troverai la soluzione del tuo problema, se veramente vorrai diventare madre. Ma tu, Marcella, vuoi essere madre al di là di ogni possibile problema? Perché io ho voluto diventare madre al di là di quello che dovevo accettare come dato di fatto, cioè che mio marito non riusciva ad avere figli! Ma non gliel'ho fatto pesare come una colpa, anzi, non ha mai neanche voluto capire che il problema fosse suo."

"Ma vuole dire che Christian non è ..."

"Sei una donna sciocca che esaspera le situazioni e non vuole capire cosa ci possa essere oltre le parole!"

Se n'era andata anche lei sbattendo la porta, così come suo figlio il giorno in cui mi ha detto che non meritavo di diventare madre. Quando sua mamma mi ha fatto quella confidenza, ho incominciato a confrontare le foto di Christian con quelle del padre, ma mio marito è identico alla madre, se non per il blu degli occhi.

Quegli occhi che mi hanno fatto innamorare di lui e che non sono assolutamente mai stati presenti nella sua famiglia. Quegli occhi che lui mostra con tanto orgoglio e dichiara essere unici al mondo, al suo mondo. Quegli occhi che io ho visto identici a una sola altra persona l'unica volta che l'incontrai.

Il giorno del nostro matrimonio, tra i suoi invitati, c'era anche un uomo, ormai anziano, in disparte, solo, ma visibilmente commosso, che mi ha abbracciato e mi ha sussurrato all'orecchio:

"Amalo per sempre, almeno tu cerca d'amare il tuo uomo per sempre e non lasciarlo mai, te l'affido!"

Poi se n'era andato.

Nella confusione del momento non sono riuscita a parlargli, né a chiedere a Christian chi fosse e me ne sono dimenticata.

Anni dopo, quando sua madre mi aveva già illuminato sul da farsi in caso volessi diventare veramente mamma, riguardando le foto del matrimonio, in un angolo della sala del ricevimento, l'ho scorso seduto su una sedia, in un'immagine non in posa.

Era lì, come se non ci fosse, l'uomo più importante della vita di mio marito.

Ho domandato a Christian il suo nome, ma non me l'ha saputo dire:

"Forse un amico di mio padre, di quelli che non ho mai conosciuto."

Allora ho chiesto a sua madre che, distrattamente, ha commentato con un:

"Ma come puoi pensare che io riesca a riconoscere qualcuno da un'immagine così piccola?"

Io ho insistito e mentre lei studiava l'immagine, io la osservavo attentamente.

Lei ha preso in mano la fotografia, si è avvicinata alla finestra per prendere maggiore luce, ha fatto una smorfia altezzosa come a dirmi che faceva quello sforzo per me, così dopo stavo zitta: "Ah, sì, Massimo!

Era il marito della cugina di mio marito, rimase vedovo presto. Un professore di filosofia del Liceo che parlava molto bene, una grande testa, un bell'uomo, ma economicamente mal ridotto".

Ha liquidato così la descrizione del padre di suo figlio.

Io non ho aggiunto altro.

La mia conferma l'avevo già trovata nel suo modo d'esprimersi, in quel leggero rossore sulle sue guance che mi sembrò una parvenza lontana di pudore, nel tono della sua voce, mentre ricordava qualcuno che doveva avere amato, in qualche modo.

10.
**Fai l'eroe**
*Il coraggio è l'azione che agisci nonostante la paura*


Christian, Christian, cosa faccio con questa lettera color rosa pesca?

Cosa consiglieresti al tuo Socio?

Già, Socio!

Ma in quale situazione assurda mi sono cacciata?

Mi ritrovo in studio con lui che mi chiama "Socio" e lei "la mia Migliore Amica" e dato che, a suo modo, è convinta di esserlo, non mi risparmia mai i suoi ragionamenti.

"Ma Marcella gli uomini non vanno amati, vanno consumati" e si mette a ridere a questa sua battuta ogni volta che me la ripete.

"Sei sempre stata la donna più intelligente che abbia mai conosciuto proprio perché non c'è stato uomo che sia riuscito a chiamarti Stella due volte di seguito! E ora lasci che Christian ti chiami Socio?"

Ho commesso l'errore di parlarle di mio fratello Pietro e lei aveva voluto conoscerlo e, ovviamente, ebbe con lui un'intensa e appassionata relazione che durò ben tre settimane.

A me toccò viverle con loro.

Lei, ogni giorno, mi faceva il rapporto di quello che avevano detto e fatto e soprattutto sul quanto avessero fatto le chiesi di risparmiarmelo.

Almeno quello me lo concesse.

Per come la trattava mio fratello mi sembrò ancora di più Bambi, indifesa e da proteggere.

Quando ho chiesto a Pietro di essere clemente, di non approfittarsi della sua ingenuità, lui mi ha guardata stupito e, in modo limpido e diretto, ha commentato la mia apprensione sottolineando che "quella ingenua tra voi due non è certo lei!"

Vanessa, essendo "la mia miglior amica", non ha perso occasione per farmi notare, "perché ci tengo a te", che dopotutto non c'è una grande differenza tra l'uso della parola "Stella" e quella di "Socio":

"Entrambe, cara Marcella, si riferiscono a una preda, solo che nel caso di Stella, indicano che una preda vale l'altra, nel caso di Socio, vuole dire che sei tu la preda di quel momento, fino a quando non toccherà a un'altra. Cosa pensi, Marcella, di essere la migliore di tutte? Sarai sempre e solo la migliore di quella che c'è stata prima di te e la peggiore di quella che verrà dopo di te. Te lo dico solo perché sei la mia miglior amica! Ti conosco e so bene come sei fatta e che ti illudi e non vorrei che ci rimanessi male come quella volta di Renato."

Renato? Vanessa ha la capacità di tirarmi fuori dal cilindro nomi di uomini del mio passato che io stessa non ricordo più. Ma perché le ho sempre raccontato così tanto di me?

Non citava persone particolarmente importanti della mia vita; erano semplicemente degli incontri, di quelle frequentazioni di pochi mesi che non mi avevano lasciato nulla. Io le raccontavo le mie storie per dimostrarle che anch'io ero una che aveva vissuto, perché con lei non volevo fare la figura che avevo fatto con Amanda di essere una che non osava mai.

Renato era uno studente di Economia e Commercio che mi chiese di uscire e con cui ebbi una breve relazione di qualche settimana.

Perché finì?

Giusto, me ne ero dimenticata.

Perché Vanessa mi disse che usciva con un'altra, che ne era certa e che era ora di lasciarlo.

Le domandai da dove venisse tanta sicurezza e lei rispose: "Perché l'altra sono io!"

Chiunque avrebbe chiuso lì un'amicizia, ma io non lo feci, perché lei iniziò a piangere disperatamente, tanto disperatamente, che la giustificai pensando che, essendo una dall'animo vulnerabile era caduta nella rete di tentazione nel quale lui l'aveva, senz'altro, attirata.

Perché la colpa era di Renato, me lo diceva la Bambi con i suoi grandi occhi pieni di paura e di angoscia che io non le fossi più amica e l'abbandonassi. La mia povera, piccola, ingenua Bambi che era cascata nella trama seduttrice di Renato, il Cacciatore!

Ammetto che la faccenda mi stupì, perché Renato aveva tanti aspetti nel suo carattere, ma quello del seduttore era l'unico che non avevo mai colto.

In seguito, mi cercò molte volte per spiegarmi che non era stato lui ad infilarsi nel letto di lei, ma il contrario, nel vero e proprio senso della parola. Non volli entrare con lui in bieche spiegazioni e lo criticai per avere provato a parlare male della mia amica.

La verità?

A me non interessava Renato.

Lo trovavo poco attraente e di scarso interesse culturale e quindi non mi importava con chi fosse andato.


Non ti ho mai apprezzata Vanessa come amica!

Mi sei andata bene, perché mi facevi ridere.

Ma perché parlo a Vanessa mentre guardo la lettera?

Perché è sua di sicuro.

Cosa mi hai detto la prima volta che ci siamo incontrate?

"Sei una donna molto fine, Marcella, alta e capace di stare ovunque, ma hai bisogno di una come me, che ti valorizzi quando vai in giro a divertirti, perché io sono una simpatica, che fa ridere."

Come a dire che io non fossi spiritosa. Quella frase, che pensai sottintendesse un mondo di altre definizioni, mi fece sorridere, perché mi sei apparsa ingenua.

In realtà, non credevo a Vanessa e non credevo neanche a Christian, non credevo di essere la miglior amica di lei e non credevo di essere l'unico Socio di lui.

M'illudevo solo che non fossero capaci di pugnalarmi alle spalle e che mi amassero veramente, a modo loro. Dopo tutto è merito mio se si sono conosciuti! Sono stata io a fare venire in studio Vanessa.

Fin dal primo giorno d'Università le ho permesso di appiccicarsi a me, come il francobollo di questa busta color rosa pesca che tengo davanti a me, appoggiata sul tavolo, per decidere se aprirla o meno.

Io mi sono laureata, lei no.
È bastata la laurea a farmi sentire superiore a lei.
Colpa dei miei genitori.
Per loro sono state sempre solo due le cose importanti nella vita: il Matrimonio e la Laurea.
I loro figli dovevano raggiungere assolutamente entrambi per potersi definire realizzati.
Non ho mai capito, però, perché ci tenessero tanto dal momento che loro due non si sono mai sposati e avevano un diploma preso alla scuola serale, dove si sono conosciuti.
Adesso che penso a questo mi viene da ridere.

Per tutta la vita ho sentito mia madre sollecitarmi al matrimonio: "Perché tuo padre non ha mai voluto sposarmi e non c'è un vero perché. Credo che sia stato per fare un dispetto ai suoi genitori, troppo chiesaioli per il suo gusto.

Quando, dopo vent'anni, loro sono morti, mi ha domandato se ci tenessi ancora alla festa, ma ho risposto di no, anche se, invece, la desideravo.

Ma lo sposavo dopo vent'anni per un bisogno mio, perché ne sentivo io la mancanza? Poi, per lui, il matrimonio si riduceva ad un'idea di festa! Mi sembrava che mi sposasse più per voi figli che per me o per lui... e sai che sono un po' permalosa..."

"Un po' permalosa, mamma? Tu sei tutta permalosa!

Ti sei risentita con papà persino per la sua morte, quasi fosse stato un gesto per provocarti... Sei arrivata a casa e hai urlato che non avrebbe dovuto farti un dispetto così grande!"

"Ma dai, Marcella, sono cose che si dicono, ma non era vero, cioè lo pensavo un po', ma non del tutto. Però, devi ammettere anche tu che, se fosse stato attento, avrebbe visto arrivare la macchina e invece lui cos'ha fatto? Ha visto il verde e si è fidato, ha attraversato la strada leggendo il giornale. Ma si fa? Si legge un giornale mentre attraversi la Via Emilia?!"

Con la Laurea è stata una situazione simile al matrimonio.

Mio padre ha incominciato a farmi il lavaggio del cervello alle elementari (e poi perché ho pochi ricordi dell'asilo). Per lui ogni occasione era buona per ripetermi quello che sarebbe stato tutto il mio percorso di studi che si concludeva con la Laurea in Giurisprudenza.

Del resto, qualcuno doveva dar loro questa soddisfazione! Pietro si è diplomato a fatica, poi ha aperto una rivendita di moto e viaggia il mondo come rallista.

Rimanevo io.

"Ma se io avessi voglia di fare altro papà?"

"Altro di che tipo?"

"Non so, la stilista, ad esempio."

"Tu che ti vesti così male?!"

"La parrucchiera?"

"Non sai neanche pettinare te stessa!"

"La commessa?"

"Devono essere belle, molto!"

"La musicista?"

"Non hai orecchio!"

"Papà, ho quattordici anni, posso sognare di fare qualcosa di alternativo?"

"Assolutamente sì! Sogna di fare l'Avvocato che è la cosa più alternativa che possa uscire da questa famiglia! E poi Marcella, qualsiasi cosa ti accada nella vita, la tua Laurea ti farà sentire sempre alla pari o superiore agli altri!"

In effetti con Vanessa è stato così, ma è stata anche la mia rovina. Dal momento che io sono laureata e lei no, non l'ho mai vissuta come una reale minaccia.

Così, quando Christian mi ha detto che cercava una segretaria, gliel'ho presentata.

Che stupida!

Però non si torna indietro. È inutile cascare nel gioco del "se io non l'avessi fatto".

L'ho fatto, punto e basta.

11.
## L'adattamento
*Ogni giorno rispettati*


E adesso?

Apro o non apro questa busta color rosa pesca?

Mi alzo, torno da Carolina e la ricarico, come fosse la mia arma di difesa.

Ancora una volta sarà lei a sostenermi, lei, con un altro caffè.

Nell'attesa mi siedo e finalmente prendo in mano la busta.

Mi fa impressione anche il solo toccarla, perché sento il peso di quello che penso sia il suo contenuto.

Rimango a fissarla per dei minuti.

Le lacrime non mi permettono di vederla bene.

Il gorgoglio di Carolina mi riporta alla mia cucina. Senza alzarmi mi giro e spengo il fornello.

Per aprire la lettera mi serve il tagliacarte.

È vero!

Ho una scusa per appoggiare di nuovo sul tavolo questa maledetta lettera. Vado nel mio studio e trovo quel che mi serve.

Me l'ha regalato Vanessa quando mi sono lau-reata: un elegante tagliacarte.

Sulla lama d'argento leggo la dedica:

"Nella vita taglia tutto, ma mai la nostra amicizia. Con affetto. Vanessa".

Mi sento presa in giro.

Il giorno in cui ho aperto la scatola di legno e ho letto quella scritta, mi risuonò più come una minaccia che come una promessa.

Non so perché, ma non mi sbagliavo.

Strana la vita, ora devo tagliare qualcosa che riguarda lei, la busta della sua lettera color rosa pesca.

Ma quante cose mi ha regalato?

È come se avesse voluto radicarsi in casa mia, da sempre e per sempre, un po' dappertutto.

Mi giro e vedo il vaso di cristallo, il suo dono per il matrimonio.

Non era quello che avevo scelto e messo nella lista di nozze, era un altro, di un altro negozio, di un'altra città.

Mi ha telefonato mentre stava per acquistarlo:

"Perché ci tengo troppo che ti piaccia il mio regalo, ma non voglio andare come tutti attraverso la lista, voglio essere originale per la mia amica del cuore che sta per diventare una signora sposata con il mio Titolare!"

Titolare, chiama così Christian da quando ha incominciato a lavorare per lui.

Mi è sempre suonato molto strano il chiamarlo:

"Il mio titolare" e mai "Tuo marito."

Ancora oggi, quando entra in casa, guarda il vaso, ed esclama:

"È ancora intero, brava che non l'hai rotto! Ma del resto anche il tuo matrimonio è ancora in piedi!"

Poi ride.

Il vaso è orrendo.

Me l'aveva descritto per telefono per chiedere la mia autorizzazione all'acquisto e io gliel'avevo accordata, perché mi sembrava molto bello.

Dopo, quando mi ha portato il pacco a casa e io stavo per aprirlo, mi ha anticipato dicendo:

"Non è quello che ti avevo descritto per telefono, perché poi l'ho cambiato all'ultimo.

Mentre stavo per uscire dal negozio, ho visto questo che mi ha entusiasmata ancora di più e non ho potuto resistere, perché per te voglio il meglio."

Ma perché poi me lo sono tenuto in casa se non mi piace?

Per accontentarla, perché io cerco sempre di accontentare tutti.

È un vaso di pessimo gusto, come tutto quello che Vanessa dice di fare per me.

Mi ricorda in questo lo zio di mio padre che, quando morì senza figli a cui lasciare l'eredità, decise che il suo erede universale fosse il fratello di papà e nel testamento lasciò scritto così:

"Caro Giovanni, tu sei stato per me un nipote esemplare, sempre presente nella mia vita tanto da accompagnarmi alla morte con serenità. Proprio per l'amore che nutro nei tuoi confronti lascio tutto a tuo fratello Arturo, perché ti voglio bene e non voglio che i soldi rovinino il tuo bel carattere. Tu saprai sempre cavartela, qualsiasi cosa accada. Hai una bella famiglia e non hai l'ambizione di volere di più. Perché dovrei essere io a cambiare i tuoi progetti di un'esistenza semplice, parsimoniosa e ricca d'amore? Tu nella vita avrai sempre più di me. Io, l'amore di una donna e di due figli non sono riuscito a sperimentarlo, esattamente come tuo fratello Arturo che a cinquant'anni non ha nessuno con cui costruire il suo futuro, per questo mi sembra più bisognoso di te. Ti voglio bene e questo lo faccio per te!"

Era milionario, egoista, invidioso e cinico ed era anche lo zio preferito di mio padre, perché inconquistabile.

Alla fine, a pensarci bene, mio papà ha avuto da suo zio esattamente quello che cercava: la stima per la famiglia che aveva realizzato e l'affetto dimostrato nel non lasciargli nulla per il suo bene.

Mio zio Arturo, in compenso, ha smesso di lavorare, perché talmente ricco da non averne più bisogno e si è comprato a Santo Domingo una bellissima villa, enorme, gigantesca, con un parco che si affaccia sull'Oceano.

Il giorno prima di partire ci ha invitati tutti a pranzo per comunicarci che "so benissimo di avere avuto più di quanto meritassi, anche perché lo zio lo accudivi più tu, Giovanni, di me. Mi dispiace tanto sembrarvi un opportunista che non divide con voi questa fortuna.

Ho pensato a lungo e sono arrivato alla conclusione di rispettare la volontà dello zio, che ti voleva tanto bene, Giovanni! Quindi: nomino i tuoi figli, cioè i miei nipoti, Pietro e Marcella, eredi universali!"

Disse tutto questo con una grand'enfasi e per un attimo pensai che uscisse la banda cittadina per sottolineare, con un rullo di tamburi, il momento clou.

E, sempre più convinto, quasi commosso dalle sue stesse parole, aggiunse:

"Ho già scritto il mio testamento che ho depositato dal notaio, perché vado lontano e, se mi accade qualcosa, non voglio che abbiate dei problemi."

Abbiamo ringraziato facendo vedere che gli eravamo riconoscenti, ma pensando anche che, in ogni caso, avremmo ereditato tutto noi, perché unici parenti.

In sostanza lo zio Arturo non aveva fatto altro che togliere di nuovo a mio papà la possibilità, in un giorno remoto e probabilmente impossibile, di diventare ricco.

A casa abbiamo riso molto della generosità dello zio Arturo.

Abbiamo riso molto meno un anno dopo, quando ha pagato a tutti un bellissimo viaggio a Santo Domingo per partecipare al suo matrimonio con una bellissima e giovane ragazza del luogo di trent'anni più giovane.

Al nostro arrivo ci ha accolto comunicandoci tre cose: "Sono contento di avervi qua a godere della mia felicità; voglio che siate i primi a sapere che presto diventerò padre e spero che mi capiate se ho deciso di lasciare come unico erede il figlio che nascerà!"

L'abbiamo capito come sempre e come sempre papà e mamma furono splendidi. Si congratularono e furono felici per lui e non fecero commenti, almeno davanti a noi figli.

Anni dopo, quando papà si è trovato in un momento finanziario difficile, gli ho chiesto se fosse arrabbiato più con suo zio o con suo fratello:

"E per cosa Marcella? Per non avermi il primo lasciato nulla e il secondo per non avermi dato una parte? Sarei stato arrabbiato se fosse stata roba mia, ma né il primo, né il secondo mi hanno rubato nulla, perché è sempre stato un patrimonio esclusivamente loro. Posso pensare che siano stati egoisti e poco generosi, ma ladri, mai. I ladri mi danno fastidio e mi mandano in bestia, quelli che s'impossessano di cose non loro, ma gli egoisti, Marcella, gli egoisti mi fanno solo una grande pena, perché sono destinati a rimanere soli."

"Però, papà, tuo fratello ti ha derubato, perché eri tu quello che accudiva lo zio, lui non c'era mai!"

"Non mi ha derubato! È stato nostro zio a fare la scelta e io stavo vicino a lui non per quello che avrebbe potuto lasciarmi, ma perché mi faceva piacere esserci. Marcella, nella vita, non aspettarti qualcosa dagli altri come sorta di restituzione di quello che hai fatto per loro, ma comportati solo per come desideri tu, così nessuno ti potrà mai deludere!"

Mio padre era un saggio e questo suo consiglio mi permise, anni dopo, di tollerare mia suocera.

Forse è da lui che ho preso la capacità di voler conoscere le ragioni degli altri, ma così facendo si rischia di diventare presuntuosi o eccessivamente riflessivi o rimanere vittime della logica altrui.

Come quando stamattina ho raccolto da terra questa lettera.

Potevo stracciarla e gettarla, ma qualcosa mi ha fermata, eppure so chi l'ha scritta e ne immagino il contenuto, quello che però non tollero è il suo colore rosa pesca.

12.
**L'amore**
*La stima nei suoi occhi mentre ti guarda*


In mezzo a chi ho vissuto in tutti questi anni?

Ma quante volte ci accontentiamo di persone che all'improvviso diventano estranee?

Riprendo in mano la tazza e mi verso del nuovo caffè caldo e Lady D mi fissa perplessa, forse quanto lo sono io mentre guardo la lettera color rosa pesca e ripenso a quell'estate del 2009.

Tutti insieme a Londra: Christian, Martino, Vanessa, io e te, Lady D.

Sto impazzendo che mi metto a parlare da sola con questa tazza?

Forse accade questo, si diventa un po' folli quando si fanno gli esami di realtà e si scoprono le carte che, per una vita, hai fatto finta di non vedere.

All'inizio Christian non voleva andare con loro, poi io ho semplicemente detto che "con Vanessa non lavori più, perché non andarci in vacanza?"

"Trovo Martino noioso e secondo me Vanessa potrebbe meritare di più!"

"Di più, tipo... uno come te?"

Perché poi ho domandato una cosa così provocatoria?

"Guarda che tra me e Vanessa non c'è mai stato nulla, anche se lei avrebbe gradito!"

Il veleno con cui ha sibilato quella frase mi è entrato nella testa e non ho resistito dal rispondergli:

"Forse Martino è meglio di te?!"

Non c'è voluto altro per far scattare in lui la competizione.

Mai dire a un uomo come Christian che un uomo come Martino possa essere migliore di lui.

"Mi stai provocando, Marcella?"

"Basta così poco?"

"Non svegliare l'uomo che è in me e che per amor tuo sto tenendo a bada."

"A bada da cosa?"

"Come se non mi conoscessi! Non eri tu a mandare i fiori alle mie amanti?"

"Infatti, ti conosco troppo bene per non pensare che Vanessa sia già la tua amante o che lo sia già stata!"

"Non c'è stato nulla tra noi, ma tu m'istighi e se poi accade qualcosa non dire che è stata colpa mia. Perché vuoi che andiamo in vacanza insieme? Già me l'hai messa in ufficio e ora vuoi pure andare in vacanza con lei! A volte penso che la tua mania di controllo ti esasperi. Sei così convinta che io ti abbia tradito, o ti tradirò, che vuoi anche controllare con chi posso metterti le corna!"

Aveva ragione lui.

L'ho coperto e giustificato in passato con le sue amanti, poi mia suocera mi ha messo in testa il tarlo del tradimento e dopo, io stessa, mi sono costruita la mia trappola.

Forse ho trovato Christian interessante ed eccitante proprio perché non apparteneva a nessuno e, come lo zio di mio padre, era inconquistabile.

Rincorrerlo per tutta la vita mi fa sentire più donna?

Quando lui torna da me, è come se mi dicesse che io sono migliore delle altre e non c'è dubbio in questo, dopotutto mi ha anche sposata.

È come se una parte di me, probabilmente quella che non mi vuole bene, dovesse portarlo sempre a contatto con la tentazione.

Il giorno prima del matrimonio Pietro mi ha detto:

"Ma sei sicura? Lui non c'entra nulla con casa nostra e sei ancora in tempo a tirarti indietro. Anche domani, quando ti accompagnerò all'altare, potrai sempre dirmi che ci hai ripensato e io, senza dire nulla, girerò i tacchi e ti porterò fuori, esattamente come farebbe papà se fosse lui ad accompagnarti. Ma se fai tanto d'arrivare davanti a quell'altare e sposarlo, io non potrò più salvarti dalla tua scelta!"

Drastico Pietro, come sarebbe stato papà!

Mio fratello sa dire le frasi che dividono il tempo in un prima e un dopo, esattamente come questa lettera che segnerà il tempo del prima e del dopo: il tempo della consapevolezza.

Così, quell'estate, siamo partiti.

Arrivati a Londra, Christian ha incominciato a essere molto cortese con Vanessa.

In modo quasi stucchevole, le domandava in continuazione se le andasse bene quello che chiunque proponeva.

Spesso si scambiavano battute che capivano solo loro due.

Neanche troppo belle. Martino era noncurante della faccenda, come se non lo riguardasse.

Vanessa cercava, senza successo, di ingelosirlo, ma lui passava ore con il cellulare a mandare messaggi a chi non si sa. O meglio, io credevo di saperlo, ma lo tenevo per me.

Avevo letto, senza volere, quattro parole "Mi manchi anche tu" e non era certo indirizzato alla madre morta da un anno.

Il rapporto con Vanessa era ormai sfilacciato, lei non voleva accettarlo e usava la situazione per rendersi interessante.

Senza ombra di dubbio mi ha chiesto d'andare insieme in ferie nella speranza di salvare l'insalvabile!

Mi ha usata anche quella volta?

Perché, se ci rifletto bene, io non ho mai avuto nulla da lei, mentre lei si è presa tutto da me: le ho trovato un lavoro, ha avuto una relazione con mio fratello e ora, forse, ha una storia con mio marito.

Forse ha una storia con mio marito?

Faccio sempre fatica a credere che siano vere le storie complicate di tradimenti.

Eppure Martino ha provato ad aprirmi gli occhi!

L'ultima sera della nostra vacanza a Londra, Christian si è appartato con Vanessa per spedire qualche mail urgente che Federico aveva richiesto, così almeno avevano detto loro e Martino e io siamo andati al pub a bere una birra.

"Non ho mai visto nessuna donna credere tanto a un uomo!"

Era stato il suo commento, mentre aspettavamo che ci servissero.

"In che senso?"

La mia solita mania di cercare significati e chiarezza dalle persone.

"Ma come in che senso, Marcella!

Si vede lontano un miglio che non vuoi renderti conto della situazione. A me non interessa molto, perché ho deciso di lasciare Vanessa e stasera glielo comunicherò. Domani, quando scenderò dall'aereo non vorrò più vederla. A te lo dico prima che a lei, perché ti stimo molto e vorrei che tu ti salvassi da Christian, ma probabilmente non mi ascolterai. Rimarrai con lui, perché fai parte di quelle donne che credono di poter cambiare la natura dell'uomo con cui stanno."

"Allora Martino di me non hai capito nulla!

Io sono proprio l'ultima donna che crede che un uomo possa cambiare, perché ..."

"Perché niente Marcella, tu sei seduta troppo comodamente sulla poltrona del tuo matrimonio per accorgerti che non è un matrimonio!"

"Sei crudele Martino, Christian non ti ha fatto nulla e tu parli così alle sue spalle?"

"Veramente Christian me ne ha fatti di torti, ma dato che non mi crederesti, non entro in merito. Mi sono stupito dell'idea di trascorrere questa vacanza insieme, ma volevo vedere fino a che punto potevate arrivare. Ora, fermo questo treno e scendo, perché stiamo andando lungo una strada che non voglio percorrere."

"Ho capito che hai un'altra donna e parlare male di Christian, di Vanessa e di noi non ti farà diventare un uomo migliore. Ho visto senza volere uno dei tuoi messaggi!"

Rise come un matto e per un attimo ho pensato che, ormai scoperto, stesse pure esagerando, ma poi aveva il suo perché.

"Tu credi che ti stia dicendo queste cose perché ho un'altra relazione? Queste cose le fa tuo marito, non io!"

Gli ho dato uno schiaffo e lui mi ha lasciato fare senza reagire.

Ho risposto in maniera violenta alla sua affermazione, ma ero ben consapevole che quella sberla non era rivolta a lui, ma a mio marito e anche a me stessa.

A dire il vero, solo poche volte ho avuto il coraggio di fronteggiare Christian!

Con Martino ero rimasta mortificata dal mio gesto e avevo abbassato lo sguardo.

Lui aveva continuato, ormai aveva deciso:

"Marcella, posso farti vedere l'altra mia donna?"

"Non voglio sapere cose che la mia amica non conosce!"

"La tua amica? Siete tutto, tranne che amiche. Marcella, io lascio Vanessa proprio perché non ha capito nulla di me e non riuscirà mai ad amare quella che tu credi sia la mia altra donna."

Prese il cellulare in mano e mi mostrò la foto di una ragazza su una sedia a rotelle.

"Mia sorella ha avuto un incidente quand'era bambina ed è a lei che devo pensare."

"Ma Vanessa non mi ha mai detto... non sapevo che tu avessi una sorella..."

"A Vanessa fa impressione, preferisce non parlare delle persone che esteticamente escono dalla sua norma e a cui dovrebbe dedicare tempo e amorevolezza. Io vado per la mia strada, perché Vanessa non ha la capacità di comprare questo tipo di biglietto, non è un viaggio in cui possa venire con me. Ho preferito dirtelo io, perché lei ti racconterà qualcosa di diverso. Sono sicuro di questo! Marcella, desidero che tu veda da quali persone ti lasci circondare."

È stato lì che ho avuto la certezza di non avere mai esagerato su Martino: era veramente un uomo eccezionale, probabilmente da sposare, anche se poteva aspettare di tornare a casa per dire a Vanessa della sua intenzione di lasciarla!

Vanessa non mi aveva mai parlato di quello che non poteva comprendere: l'amore di un fratello per la sorella.

Per lei l'amore è solo rivolto a se stessa!

So bene, però, che non è una donna stupida, sa capire fino a che punto un uomo può arrivare per lei e non poteva accettare il fatto di essere sullo stesso piano della sorella.

Era per lei che Martino si assentava così spesso, perché la stava aiutando a costruire la sua casa, senza barriere architettoniche, come il cuore di lui, senza limiti d'amore.

Il giorno dopo, per tutto il viaggio di ritorno, Vanessa ha tenuto gli occhiali scuri.

Io sapevo quanto le stava accadendo e non riuscivo a parlarle.

Christian, invece, ignaro di tutto, vedendola in difficoltà, cercava di starle ancora più vicino, se mai fosse stato possibile.

Addirittura Martino ha chiesto a mio marito se voleva spostarsi in avanti e accomodarsi di fianco a Vanessa "che non si sente bene e se tu le parli forse riesci a distrarla."

Poi, è venuto vicino a me e ha aggiunto sottovoce: "Scusami, ma proprio non la sopporto più, lo so che ho mancato di rispetto a te facendo così, ma tu ci sei abituata."

"Martino, scusa, ma sei un po' stronzo a parlarmi in questo modo, dopotutto io non ti ho fatto nulla!"

"Qualcosa fai senza rendertene conto."

"E cosa farei?"

"Permetti agli altri di trattarti male e gli altri, come me in questo momento, se ne approfittano. Adesso credo di averti reso molto chiaro il concetto, d'averti portato degli esempi concreti e se tu non vuoi uscire da questo girone dantesco, sono scelte tue. Tu, Marcella, ora, sai che stai scegliendo di fare questa vita!"

È proprio vero: scelgo ogni giorno ciò che voglio vivere, anche quando credo di non scegliere, perché la non scelta è già una scelta.

13.
## Il perdono
*Non è il dimenticare, ma l'andare avanti*

All'aeroporto ci siamo salutati, per sempre.

Martino mi ha abbracciato forte e mi ha sussurrato all'orecchio:

"Scappa, solo così ti puoi salvare!"

E solo io lo potevo fare.

In macchina, rimasta sola con Christian, il suo commento sulla vacanza è stato:

"Avevi ragione tu, Vanessa è simpatica quando non è al lavoro, se vuoi possiamo tornare con loro a girare per l'Europa."

Non aveva capito nulla.

Non ha mai capito niente.

Entrati in casa ha aggiunto:

"E poi tu ti lamenti di me? Martino è proprio assente con Vanessa, è sempre attaccato al suo cellulare a scrivere a chissà chi. A parte che mi è sembrato uno molto insensibile!"

Più criticava Martino, più esaltava se stesso e più lo vedevo nella sua povertà d'animo.

Nonostante questo, però, sono rimasta con lui.
Perché?

Perché Martino alla fine aveva poi solo criticato Vanessa e sottinteso le argomentazioni su Christian; non mi aveva portato delle prove tangibili che potessero farmi vedere la relazione esistente tra i due.

Sono bravissima, riesco ancora oggi a raccontarmela bene!

Martino mi aveva veramente fatto un regalo?

In un certo senso sì, perché avevo aperto gli occhi e da lì in poi ho visto atteggiamenti che prima non consideravo importanti.

In un certo senso no, perché mi aveva lasciata completamente sola a gestire quei due.

Vanessa, dopo la fine della storia con Martino, era in preda alla sete di vendetta.

Considerava tutti gli uomini come suoi oggetti su cui sfogare la rabbia che provava nei confronti del suo ex fidanzato.

Del resto, non le era mai capitato "di essere costretta a finire una storia, perché lui metteva sempre il lavoro prima di me. Io, Marcella, non sono brava come te che accetti di essere seconda, io devo essere prima in tutto! Me l'ha insegnato mia madre, fin da ragazza, mi ha sempre detto che ero talmente bella da meritare di essere prima. L'intelligenza, per lei, era un accessorio e aveva ragione: nessun uomo vuole stare con te perché sei intelligente!"

Queste sue parole sono state la conferma del mio aver sempre pensato che quando Vanessa sottolineava con Christian "che moglie intelligente che ti sei sposato" volesse, in realtà, insultarmi.

Dopo Londra, Christian era completamente convinto d'aver vinto la sfida che credeva gli avessi lanciato prima della partenza:

"Sono meglio io di Martino!"

Si era anche dato una giustificazione per avermi trascurato per tutta la vacanza incolpandomi, come se me la fossi cercata:

"Allora, ti ho dimostrato che, se voglio, Vanessa vede solo me e il suo fidanzato non lo considera nemmeno? Adesso che hai avuto la lezione che ti meritavi, non mi provocare più!"

Non gli ho risposto, ma ho incominciato a rendermi conto che stavamo diventando patetici, se non addirittura patologici, tutti e tre, marito e moglie e amante, imprigionati nelle nostre false verità.

Da allora, tutto quello che loro due mi raccontano lo metto in discussione e mi domando se sia vero.

La mia maggiore presa di coscienza, però, ancora una volta non è stata sufficiente a darmi la forza di scappare da qua.

Perché io, nonostante tutto, sono ancora qua!

A un certo punto Christian ha ripreso addirittura Vanessa come sua segretaria!

Improvvisamente.

"Federico mi ha detto che non ne ha più bisogno e tu, Marcella, fai più del necessario, così, invece, ti tolgo del lavoro."

Voleva pure che lo ringraziassi!

Non ci sono riuscita.

Ogni cosa ha un limite e un po' di dignità mi è rimasta.

Come sono messa male, ho incominciato anch'io a usare la parola dignità!

È passato del tempo, ma nell'orecchio mi è sempre rimasto quel "Salvati!" di Martino a contrastare la richiesta di quel Massimo che non ho mai conosciuto, ma che aveva gli stessi occhi di Christian:

"Amalo per sempre, almeno tu cerca d'amare il tuo uomo per sempre e non lasciarlo mai, te l'affido!"

Volevo essere diversa da mia suocera, ma rischio di assomigliarle, anche se alla fine della sua vita ha cercato di darmi il consiglio giusto, seguirlo, però, sarebbe stato come ammettere che io avevo perso, come lei.

Ho un animo troppo competitivo per darle questa soddisfazione, anche se è morta.

Martino non l'ho più visto, fino al mese scorso quando, attraversando la strada, ci siamo trovati uno di fronte all'altra.

Andavamo di fretta entrambi, ci siamo urlati un "Ciao!" e poi lui ha aggiunto un: "Sono diventato papà, ieri!"

Papà, Martino è diventato papà.

Io ancora qua, dietro a questi due, dopo tanti anni.

Io ancora qua, davanti a questa lettera color rosa pesca.


Alle mie spalle Carolina appoggiata sul fornello mi fa coraggio, davanti a me la tazza del caffè e di fianco la lettera color rosa pesca.

Di nuovo sento profumo di caffè, ma non è lo stesso di quand'ero bambina, mi accorgo ora che mi sono illusa che lo fosse.

Quand'è stato che ho sentito il profumo di caffè di casa mia?

Con Diego, quell'ultima estate, prima d'incominciare il praticantato da Christian; la volta in cui andai, con la mia amica Nora, a fare rafting sul Noce.

Eravamo un gruppo di ragazzi che non si conoscevano. Sulla corriera non ci siamo nemmeno parlati, anzi, non l'ho neanche visto. Una volta arrivati mi sono trovata di fianco a lui per caso e per caso ci hanno messo sullo stesso gommone e per caso il suo amico Francesco ci ha scattato una foto.

Ho pensato che, se quello fosse stato l'uomo della mia vita, avrei avuto l'immagine del momento esatto in cui ci siamo parlati la prima volta.

Una foto senza senso o forse il senso c'era e io non l'ho mai capito?

Luisa, la sorella di Nora, ci disse che secondo lei quei due, Diego e Francesco, "meritano e io ci proverei se non fosse che mi sposo a settembre!"

Quell'estate né Nora, né io, saremmo andate in vacanza.

Papà era morto da poco e la mia amica non si sentiva di lasciarmi sola, così ci siamo accordate per restare a casa entrambe e farci compagnia.

È proprio quando senti che la morte ti è passata accanto che hai bisogno di un pizzico di vita in più e io cosa potevo fare per riprendere a vivere la mia vita senza più mio padre?

Quella è stata l'estate in cui ho capito che la morte esiste e non è mai troppo lontana da te, perché anche se non ti colpisce direttamente ha sempre modo di raggiungerti.

Nella rabbia che provavo, perché quel giro di dolore era capitato a me, mi sforzai di continuare la mia esistenza nell'esasperazione della voglia di divertirmi e, quindi, di vivere.

Chi mi ha incontrato in quel periodo ha conosciuto una Marcella molto diversa dalla realtà, senz'altro molto frivola.

Così anch'io ho avuto la mia estate da bad girl.

"Nora ho un'idea geniale! Visto che non andiamo in vacanza quest'estate, cerchiamo di non pensare e di passare il tempo al meglio e facciamo il Gioco dell'Estate!"

"Gioco dell'Estate?"

"Ma sì, dai, hai presente Diego e Francesco? Il gioco consiste nel farli innamorare di noi e l'ultimo giorno dell'estate li lasciamo, senza più di tante spiegazioni, diremo loro che sono stati il nostro Gioco dell'Estate. Che ne dici?"

"Ci potrei anche stare, per me uno vale l'altro e lascio a te la scelta."

"Allora, io scelgo Diego e tu ti prendi Francesco."

Dissi proprio così:

"Tu ti prendi Francesco!"

"Va bene, io mi prendo Francesco, il tuo scarto."

Anche se poi Francesco tanto scarto non lo è mai stato.

Era bello, generoso, simpatico, colto, intelligente e proprietario di un'azienda.

Hai detto niente?!

Non è che poi le abbia proposto d'andare insieme a un fallito!

Abbiamo stabilito le regole.

Le abbiamo scritte su un quaderno, per essere sicure che nessuna delle due imbrogliasse.

In seguito, le avremmo fatte leggere ai ragazzi, perché non s'illudessero di continuare, ma comprendessero bene che erano stati parte del nostro gioco estivo.

Quanto siamo state immature, Nora e io, a giocare così con i loro sentimenti!

Sono sempre stata più capace nelle relazioni professionali che in quelle sentimentali, ma se ci penso bene non sono mai stata tanto brava nemmeno in quelle familiari.

Non sono mai riuscita, ad esempio, a dire a mio padre che non volevo diventare avvocato, per non deluderlo.

Ecco, forse tutto è incominciato quando ho sentito il bisogno di non deludere gli altri e, così facendo, ho perso quel margine di libertà che appartiene a ognuno: scegliere senza il bisogno di accontentare qualcun altro se non se stessi, nel rispetto del prossimo.

Poi cos'è successo?

È arrivato Christian.

Mi sembrava perfetto: ricco, e lì mi sono sentita molto Amanda, bello, e lì mi sono sentita molto Vanessa, simpatico, e lì ero io.

I miei amici e familiari mi dicevano di non sposarlo.

Addirittura, mia madre era arrivata al punto di consigliarmi di convivere, dopo tutta una vita passata a dirmi di sposarmi!

Lei, che era assolutamente per il matrimonio, ovviamente il mio, non il suo:

"Ma dai, Marcella, quanto sei antiquata! Al giorno d'oggi non si sposa più nessuno! Tutti convivono e tu cosa fai? Controcorrente, a fissarti sulla cerimonia e sull'obbligo di rimanere insieme!"

"Ma mi hai sempre detto che mi dovevo sposare!"

"Certo! È solo che non vedo tutta questa fretta, siete insieme da un anno e non mi sembra che io ti abbia mai vietato di andare da lui a passare la notte. E allora? Potreste anche convivere come abbiamo fatto tuo padre e io!"

Perché mia madre non mi ha detto che Christian mi avrebbe reso la vita così difficile?

Non faceva prima a dirmi che non le piaceva?

Invece di tanti giri di parole sul matrimonio, poteva benissimo giocare a carte scoperte.

Ma cosa sto dicendo?

Non le avrei mai dato retta; non avrei ceduto di un passo dalla mia posizione, qualsiasi cosa lei, o chiunque altro, mi avesse detto!

Anzi, probabilmente, più cercavano di dissuadermi e più m'incaponivo d'andare avanti.

La mia storia con Christian era incominciata un anno prima, ma avevamo bruciato le tappe.

Lavorando gomito a gomito, non lasciandomi immaginare nulla di lui, ma mettendomi al corrente di ogni suo pensiero e, soprattutto, di ogni sua donna, ero convinta che non avrei ricevuto sorprese da lui.

Di sorprese, invece, ne ho ricevute tante.

La prima è stata quando mi ha chiesto di uscire a cena con un suo cliente.

Non eravamo ancora sposati "altrimenti non te lo chiederei, ma lui ti ha vista e ci terrebbe a conoscerti meglio. È uno dei clienti migliori dello studio, quindi sii garbata, nulla di più, fallo per me, non saprei come dirgli di no."

Quel "fallo per me" mi ha fatto credere che fosse possibile che lui, poi, si sentisse in debito con me.

Mi ero chiesta cosa ci fosse di difficile nel dire un:

"No, scusi, ma è la mia ragazza", ma, come sempre, l'ho giustificato pensando che, dopotutto, non c'era nulla di male in una cena. Poi ero uscita con il cliente ed era stata una piacevole serata.

All'invito di lui:

"Ti va se andiamo a casa mia a bere qualcosa?"

Io avevo semplicemente risposto con un:

"No grazie, sono fidanzata..."

"Ma il tuo fidanzato lo sa che sei uscita con me stasera?"

"Sì, perché ci diciamo tutto!"

Avrei, invece, voluto rispondere:

"È stato lui a chiedermelo come favore."

Devo ammettere, per essere onesta con me stessa, che quella richiesta di Christian sottendeva qualcosa di perverso alla nostra relazione e all'epoca, quest'aspetto, lo trovavo anche interessante.

Però il tuo uomo non può chiederti di fare certe cose!

Anche se non c'è nulla di male, anche se non accade niente di compromettente.

Chi ama davvero, non chiede alla propria donna d'uscire con un altro!

Diego, senz'altro, non me l'avrebbe mai chiesto.

14.
**La scelta**
*A ognuna la sua*


Ricordo bene la prima volta che rividi Diego dopo il rafting sul Noce.

Tra noi non era ancora accaduto nulla, ma lui entrò in birreria con il suo portatile con sopra tutte le foto dei due giorni trascorsi insieme. Eravamo un bel gruppo di persone, molte più donne che uomini e questo rendeva la competizione molto più emozionante.

Il Gioco dell'Estate con altre donne in giro solleticava maggiormente la femminilità di Nora e mia.

Siamo uscite qualche altra sera tutti insieme.

Una delle ragazze, in particolare, puntava Diego.

Si era appena laureata in odontoiatria e passava le giornate a commentare le bocche delle persone.

Lei riuscì a dire a Diego, che ha gli incisivi centrali belli separati, quella frase di troppo che me la tolse di mezzo:

"Ma perché i tuoi genitori non hanno pensato di mettere un apparecchio ai denti quand'eri piccolo? Perché quello spazio sarebbe scomparso!"

Scomparve lei e lo spazio tra i denti rimase.

Rido ancora quando ci penso.

Così, piano piano, Nora e io abbiamo fatto breccia nei cuori di Francesco e Diego.

La sera aggiornavamo il nostro diario.

Forse in quel periodo assomigliavamo un po' a Vanessa con la sua tattica del distributore di benzina, ma a nostra discolpa c'era un'età molto più giovane e una selezione del personale molto più rigida scegliendo di condurre questo gioco solo con loro due.

Poi è venuta la volta della nostra prima uscita.

Diego è arrivato a prendermi una sera a casa di Nora.

Era in moto e mi ha regalato un casco bordeaux, il più bello che abbia mai avuto: "Ho pensato di portarti a cena a Bologna, su a San Luca. C'è una bella vista da là! Oggi ho comprato questo casco per te".

Mi sentii accudita e pensata.

Anche Nora quella sera uscì con il suo Gioco dell'Estate.

Così abbiamo iniziato le nostre storie, per gioco.

Molti pomeriggi li passavamo a casa di Francesco.

Viveva in una bella villa con un parco, gli piaceva avere sempre degli amici per casa e organizzava delle buonissime e divertenti grigliate.

Una volta dissi a suo padre che casa loro aveva tutto tranne una moglie per Francesco e una piscina per la villa:

"Ma possiamo rimediare! Se io metto la moglie e faccio sposare Nora a Francesco, lei mi costruisce la piscina?"

Mi disse di sì.

Vedevo Nora sempre più felice e le ricordavo spesso che, alla fine dell'estate, tutto doveva finire.

Lei giurava che non l'amava, poi venne il 20 settembre e uscimmo con loro a cena, tutti e quattro, con il nostro diario dell'estate.

Ma perché eravamo così stupide a quell'età?

"Allora ragazzi vi dobbiamo dire una cosa... non è facile, ma vedrete che dopo riderete anche voi."

Non hanno riso, in tutta la sera, non hanno mai riso.

Abbiamo raccontato del Gioco dell'Estate, di quanto fossero stati meravigliosi, di quanto fossimo state bene con loro due e del dispiacere (non è che proprio lo provassimo, ma ci stava bene dirlo) che avevamo nel lasciarli andare via, nel mollarli. Alla fine, nel salutarci, Francesco disse a Nora un sintetico:

"Ti telefono domani" e Diego a me un: "Mi sembra la più grande stronzata che potessi fare!"

La serata si concluse lì.

Ebbi l'impressione che fosse troppo semplice, almeno per me lo era, ma non per Nora.

Diego lavorava per una multinazionale come tecnico di impianti elettrici e il giorno dopo doveva partire per un non ricordo bene quale paese africano.

Mi ha anche telefonato prima di salire sull'aereo, ma io non ho risposto, se non con un messaggio:

"Buon viaggio!"

Nora, invece, continuò a uscire con Francesco.

Esattamente un anno dopo, da quando avevamo incominciato il Gioco dell'Estate, loro due si sono sposati e hanno organizzato la cena nella villa di Francesco, a bordo della nuova piscina, inaugurata per l'occasione.

Il padre di Francesco aveva mantenuto la promessa, ma, a dire il vero, non è che fosse stato merito mio, visto che avevo provato a ricordare a Nora, più volte, le regole del Gioco dell'Estate.

Al matrimonio mi sono presentata con Christian, non eravamo insieme, era il periodo in cui avevo incominciato a sperare che potesse esserci qualcosa, non proprio una storia.

Nora lo conosceva quel tanto da invitarlo.

Ero emozionata all'idea di rivedere Diego, ma non accadde nulla.

Non è arrivato su un cavallo bianco per portarmi via, anche se mi sarebbe piaciuto, ma ormai il mio errore l'avevo fatto e stavo andando lungo una strada lontana da lui.

Errore?

A quel tempo non consideravo un errore avvicinarmi a Christian, è adesso che inizio a pensare che la più grande stupidata della mia vita sia stata proprio questa!

Diego al matrimonio fu gentilissimo.

Mi presentò Olivia, molto più bella di me, molto più alta di me, molto più saggia di me. Avevano lavorato insieme in Africa.

Lei era un ingegnere olandese, di madre tedesca e di padre italiano, parlava perfettamente il tedesco, l'inglese e, ovviamente, l'italiano. Secondo me Christian ha provato anche con lei a sedurla, per tutta la cena, sul bordo della "mia piscina".

Io non so nemmeno l'inglese!

Diego e Christian, due generi d'uomo tanto diversi, entrambi con un grande ascendente su di me.

Se proprio proprio voglio essere sincera con me stessa, però, devo ammettere che al matrimonio di Francesco e Nora, durante lo scambio delle promesse, ho pensato a quanto fossi stata immatura a lasciare Diego in modo così infantile.

Uno dei miei più grandi problemi è l'orgoglio.

Mia madre mi ha sempre detto:

"Puoi vincere contro tutti i tuoi nemici, ma il tuo orgoglio rischierà sempre d'avere la meglio su di te! Impara a fare un passo indietro, perché la tua intelligenza possa fare un passo avanti!"

In effetti mia mamma, a differenza di quella di Vanessa, ha sempre sottolineato ed esaltato le mie capacità intellettive, più di quelle fisiche.

Due diversi modi d'educare una figlia ad esprimere la sua personalità!

Con Diego, a differenza di Christian, ho sempre temuto di non avere la situazione sotto controllo: è stato questo che mi ha fatto paura?

Non sono una a cui piace che gli altri decidano per lei.

A un certo punto, mentre Christian si pavoneggiava con Olivia e la cosa non sembrava infastidire affatto Diego, io mi sono avvicinata per chiedergli come stava e il suo dirmi:

"Hai fatto bene a lasciarmi, ma hai sbagliato il modo" mi ha ferito profondamente.

Era tutto quello che poteva dirmi dopo un anno?

Allora mi sono voltata per andarmene e lui mi ha afferrato la mano, si è avvicinato e all'orecchio mi ha sussurrato:

"Il giorno in cui ti accorgerai d'avere sbagliato, voltati e cercami, perché io sarò un passo dietro di te, per prenderti, prima che tu possa precipitare nel baratro."

Ha buttato lì quella frase che non ho capito e non potevo certo chiedergli il mio solito "in che senso?"

C'era Olivia ora al suo fianco.

Quando Christian ha commentato il matrimonio di Nora con un "ridicole queste storie a lieto fine, dove i due si amano e vissero felici e contenti. La vita è altro: è rincorrere la passione, non lasciarsi prendere dalla noia del quotidiano, non sapere mai chi hai veramente al tuo fianco", mi è sembrato cinico, ma devo ammettere che l'ho trovato anche seducente.

M'invitava a entrare in un mondo che non mi apparteneva, esattamente come mi ha detto Pietro il giorno prima del mio matrimonio.

Che cretina che sono stata Carolina!

Ma mi metto a parlare con la mia caffettiera?

E perché no?!

Ha più senso parlare con una caffettiera piuttosto che con questa lettera color rosa pesca.

15.
**Vai via**
*Parti per conoscerti, se ti vuoi incontrare*

Quante volte ho perso un'occasione nella vita?

Forse ne perdiamo tutti tante, ma mi sembra che a me sia capitato più che agli altri.

Non sono mai andata all'estero a studiare!

Potevo fare il terzo anno d'università a Parigi e invece sempre qua, attaccata alla mia sedia, troppo comoda da mollare, esattamente come il mio matrimonio.

Non riesco a lasciare Christian, neanche da quando ha incominciato a impormi la presenza di Vanessa in tutte le nostre seguenti vacanze "perché poveretta è sola, ora che ha lasciato Martino. Del resto, ha fatto bene, si vedeva perfettamente che non era il suo tipo!"

"E chi è il tipo di Vanessa?"

A questa domanda non ha mai risposto.

Intanto lo so.

Aveva ragione la madre di Christian, il nostro matrimonio continuerà in eterno, perché lui non potrà mai lasciarmi, è troppo ancorato alla sua tradizione familiare della menzogna. Esiste la moglie, esiste l'amante e le due devono tacere, sopportare la scomoda presenza l'una dell'altra e fare la loro vita.

Io, poi, sono rimasta nel mio ruolo di moglie, perché, a differenza dell'amante, i miei diritti sono garantiti!

Me l'ha detto anche la mia amica Cinzia:

"Ma perché poi una donna che sa che il marito la tradisce deve lasciarlo? Voglio dire Marcella, se tuo marito ti tradisce, che male c'è? Lascialo fare e tu fatti la tua vita, intanto è l'altra la briciola sulla tovaglia apparecchiata da te! L'amante non avrà Natale da passare con tuo marito, non avrà ultimo dell'anno, non avrà nulla d'ufficiale a cui partecipare e se va al pronto soccorso, perché finalmente si è schiantata contro un muro, tuo marito non lo fanno neppure entrare a trovarla, perché non è un parente!"

Cinzia dice queste cose più per convincere se stessa che me.

Non sa di Vanessa e Christian, mentre tutti sappiamo che suo marito ha comprato un bell'appartamento che usa come pied-à-terre.

Lei, che rimane sposata al suo imprenditore, nel tempo ha imparato a essere una buona commerciante: si vende ogni giorno il suo matrimonio come fosse ancora un buon affare da tenere in piedi.

Forse l'ho fatto anch'io.

Mi va di continuare in questa farsa?

È da quando la frequento che specchio la mia anima nella sua.

Penso che sia una povera illusa, poi mi accorgo d'assomigliarle più di quanto io non immagini.

Ci siamo conosciute un po' di tempo fa a una cena di beneficenza.

Christian ci tiene a frequentare un giro di benefattori.

Sono convinta che il suo lavoro richieda un certo investimento di tempo e di denaro nelle pubbliche relazioni.

Il marito di Cinzia è un suo grande amico, di quelli che ha lui. A me di solito non piacciono le mogli dei suoi amici, ma con Cinzia è stata simpatia dal primo momento che ci siamo conosciute. Eravamo sedute vicine e abbiamo incominciato a parlare. Mi mancava una migliore amica già da diverso tempo. Dopo che

Nora si è sposata, non la frequento molto, perché Christian la trova troppo provinciale.

Per me non è provinciale. Io sono stata semplicemente arrabbiata con lei, perché mi ha tradita, o meglio, ha tradito il nostro "gioco dell'estate" sposando Francesco.

Se ci penso bene, però, la mia rabbia ha un'altra origine: Nora ha fatto la scelta giusta per lei, a differenza di me!

Così Cinzia è andata avanti nel mio cuore, senza fare grandi cose, se non esserci ogni volta che la chiamo. Hai detto poco?!

Non le racconto tutto, perché non voglio apparire ai suoi occhi come lei sembra ai miei. Ogni tanto ometto che Vanessa viene con noi in vacanza, ma ho il dubbio che sappia di me più di quanto io le abbia raccontato: "Marcella, ci sono donne che non parlano mai alle proprie amiche del marito che hanno a mano, perché se dicono ad alta voce certe cose, dopo, queste cose, sono più vere e fanno più male e obbligano a pensare a scelte diverse. Io ne parlo, invece, tranquillamente, perché ho capito che non uscirò mai dal mio matrimonio, mi va bene così. Io ho la mia vita, lui ha la sua e ci facciamo compagnia come buoni amici."

Buoni amici.

Voglio essere la buona amica di mio marito?

Se apro e leggo questa lettera color rosa pesca non potrò più essere una buona amica di mio marito.

La verità non posso negarla, mentre illudermi di non conoscerla nei dettagli mi consente di far finta che non esista.

Non esiste la storia tra Christian e Vanessa.
Non esiste la storia tra Christian e Vanessa.
Non esiste la storia tra Christian e Vanessa.

Basta che me lo ripeta ad alta voce mille volte e quest'ansia che non mi permette di respirare bene se ne andrà come ha fatto tutte le altre volte.

Se ne andrà il fantasma del sospetto.

È solo che i fantasmi non si vedono, se ne sente solo la loro presenza, ma devo ammettere a me stessa che io vedo bene questa busta su cui è scritto:

"Alla mia miglior amica Marcella Monti".


La scritta è rivolta a me, sono io Marcella Monti, posso voltarmi mille volte, ma ci sarà sempre una e una sola Marcella Monti dentro a questa stanza e quella sono io.

Non ne posso più, voglio andarmene via da questa mia vita, ma come faccio?

Ho provato proprio tutto per salvare il mio matrimonio?

Un matrimonio non è una cosa da poco conto.

Sono disperata, sto malissimo e sento l'affanno del mio respiro.

Però vorrei proprio sentirmi libera d'andarmene.

A Nora ho già telefonato.

Quando è stato?

Sei mesi fa, in aprile.

L'ho chiamata la sera dell'ennesima litigata con Christian, perché voleva che andassimo a Parigi noi due con Vanessa.

Sono impazzita.

Ho detto di no e lui mi ha piantato un muso che non finiva più.

Per giorni non mi ha rivolto la parola.

Ho chiesto a Vanessa di non venire con noi:

"Ma come faccio Marcella? Lui è il mio Titolare e non posso contraddirlo, poi lo conosci bene anche tu, dopo s'impermalosisce e non mi rivolge più la parola!"

Di nuovo quel "mio Titolare" e ora, più di prima, un:

"Lo sai bene anche tu".

Anche tu.

Non ci ho più visto, le ho urlato un "esci dalla nostra vita!" ed a lei è apparsa sul viso quella smorfia di vittoria che conosco tanto bene quando esibisce il suo trionfalismo.

Una volta le comunicai che avevo un ritardo di tre settimane. Ero convinta di essere finalmente incinta e non stavo più nella pelle.

Forse volevo solo farle vedere che alla fine avevo vinto io, perché nella mia testa c'era l'idea che, con un figlio, Christian non l'avrebbe più nemmeno guardata in faccia.

Forse volevo leggerle sul volto la ferita narcisistica della sconfitta.

Era diventata una questione tra noi due.

In quel breve periodo, mi sembrò che Christian mi guardasse con occhi diversi, con più attenzione, con più speranza.

Ma persi io, anche quella volta.

Quando Vanessa seppe che la mia maternità era solo frutto della mia fantasia, fece quello stesso sorriso di quando mi disse:

"Sono costretta a venire con voi a Parigi".

Ancora una volta ho permesso che le cose accadessero.

Siamo andati a Parigi insieme.

Quando Christian ha capito che avevo ceduto per l'ennesima volta al suo gioco perverso, ha incominciato a svegliarmi la mattina con il caffè a letto, per quindici giorni, il tempo prima della partenza.

Arrivava con la tazzina e incorniciava il tutto con un "come sono fortunato ad avere sposato te e questo è il minimo che tu possa ricevere da me: una coccola per iniziare meglio la giornata".

I caffè peggiori che abbia mai bevuto nella mia vita!

È stato in quei giorni che mi sono accorta per la prima volta che il nostro caffè non aveva mai avuto né gusto né profumo, tutt'altra cosa rispetto a quello che bevevo con mia madre, mio padre e Pietro.

Mi è venuto naturale chiedere a Christian come lo preparasse:

"Con la macchina del caffè, quella che ci ha regalato Vanessa per Natale".

"E non con Carolina?"

"Carolina? Ormai è vecchia, ti devi modernizzare, non ha senso rimanere legati a una stupida e vecchia macchinetta!"

"Carolina non è né stupida né vecchia né, tantomeno, macchinetta!"

"Vuoi litigare per una caffettiera?"

In effetti non si può litigare per una caffettiera, ma per te, Carolina, sì.

Lui, però, non ha mai capito cosa significhi veramente tu per me.

Siamo partiti per Parigi e mi sono detta che sarebbe stato l'ultimo viaggio a tre, poi ci sono state Lisbona e Madrid.

Quante città dovrò ancora vedere con loro due?

Cinzia sostiene che alla fine ci si abitua anche alla consapevolezza che, dentro al tuo matrimonio, oltre a te, esiste un'altra donna: "L'importante è vivere con dignità la propria vita!"

Dignità.

Un'altra donna, diversa da mia suocera, affezionata a questa parola.

Ma la mia è dignità?

16.
## La fiducia
*Credi in te, se vuoi cambiare*

Sono stata arrabbiata con Nora per due mesi, perché, dopo che le ho raccontato la verità su Christian e me, lei è sparita da aprile a giugno.

È stato dolorosissimo aprirmi con lei, ma farlo mi è servito.

È accaduto quello che mi aveva detto Cinzia, parlando a Nora ho ascoltato la mia voce interiore, i miei pensieri, le mie paure, le mie umiliazioni, la mia verità.

Lei è stata una vera amica, come sempre.

Non ha infierito, non mi ha ricordato quella volta in cui le dissi che lo sposavo e lei aveva commentato con un:

"Diego ti avrebbe reso felice. Perché hai paura di lasciarti amare veramente?"

"Christian mi ama."

"Ama se stesso."

"Non ti ho chiesto un parere su di lui."

"Tu non chiedi mai, forse dovresti incominciare a farlo!"

"Ti dà fastidio che anch'io mi sposi?"

"Avrei voluto per te qualcuno di diverso!"

"Sembri mia madre!"

"Ti stiamo dicendo tutti la stessa cosa?"

"Nessuno mi lascia mai libera di scegliere. Ho preso la laurea che voleva mio padre, mi sto sposando come desiderava mia madre e ora voglio farlo con chi mi pare. Se mi sei amica sarai la mia testimone!"

Nora non aggiunse altro.

Mi fece da testimone e poi la persi di vista fino a quando non le telefonai in aprile.

"Ciao Nora ho bisogno di parlarti."

"Vediamoci da me per un caffè. Vuoi uno dei miei o preferisci portare la tua Carolina?"

Me l'ha detto con affetto, dopo che per del tempo non c'eravamo più cercate.

Ti ho portato con me Carolina, come fossi lo strumento del nostro rito per ricominciare il nostro dialogo da dove l'avevamo interrotto.

Come un fiume in piena ho parlato senza fermarmi e lei ha stretto la mia mano, seduta accanto a me, al tavolo della sua cucina.

Non ha aggiunto nulla alle mie parole, è rimasta in silenzio e al momento del saluto mi ha abbracciata forte e all'orecchio mi ha sussurrato:

"Vedrai che saprò come aiutarti!"

Per due mesi non mi ha telefonato, non mi ha mandato una mail, non mi ha cercata in alcun modo.

Io, per il mio solito orgoglio, non potevo fare quello che mi aspettavo da lei, cioè una semplice telefonata.

Doveva essere Nora a cercarmi, io mi ero umiliata abbastanza.

Forse non mi aveva vista convinta e forse aveva capito che in quella fase dovevo solo tirare fuori lo schifo che avevo compresso dentro.

Dovevo ancora toccare il fondo.

Poi, un giorno, la sua telefonata alla quale risposi con un "potevo anche morire che non l'avresti mai saputo!"

Ero furibonda con lei, l'avevo pensata mille volte e l'avevo odiata per quel silenzio per me incomprensibile.

Mi ha risposto come se non avesse ascoltato le mie parole:

"Finalmente è tornato Diego dall'India, è da due mesi che lo aspettiamo, oggi pomeriggio atterra a Milano e viene a cena a casa nostra, vieni anche tu?"

Un tuffo al cuore senza precedenti, buttata indietro nel mio passato a quell'estate di tanti anni prima.

Sono rimasta in silenzio, senza accorgermene ho riattaccato e lei ha atteso la mia risposta fino al tardo pomeriggio.

Christian aveva una delle sue cene impreviste con un cliente di quelli che "non sto a spiegarti, perché tanto non lo conosci".

Non m'interessava più nulla di sapere con chi.

"Ciao Nora sono dei vostri stasera, l'invito è ancora valido?"

"Diego è già arrivato e chiede se puoi portare Carolina, perché è da tanto che non beve un buon caffè."

Diego si è ricordato di Carolina e ora mi volto a guardarla con gli occhi pieni di lacrime.

Non ci potevo credere che si fosse ricordato di te, Carolina, e quella sera risentii il profumo del caffè di casa mia!

Sono arrivata puntualissima, non mi è mai capitato, e ho dovuto aspettare dieci minuti davanti alla casa di Nora e Francesco.

Ti ho tenuto in mano, Carolina, appoggiandoti sul volante, guardando il tuo colore rosso un po' consumato, segno del tempo passato.

Quello che più mi ha urtato uscendo di casa quella sera è stata la domanda di Christian:

"Ma se vai a cena da Nora, perché ti porti la caffettiera?"

Ti ha chiamato così, Carolina, ti ha messo sullo stesso piano delle altre, esattamente come mi sentivo io: una delle tante.

Mi sono voltata e gli ho chiesto:

"Perché non vieni anche tu da Nora?"

"Io, nella casa del Mulino Bianco? Non mi ci vedo proprio, vai pure tu da sola ad annoiarti con Nora e San Francesco!"

L'ho guardato come non avevo mai fatto:

"Ma che sguardo strano che hai, non mi piace per nulla!"

Quella è stata la prima volta che non gli ho permesso, con i suoi occhi blu, d'entrarmi nell'anima.

Non è riuscito a decodificare ciò che avevo dentro ed è lì che mi sono accorta che forse il potere che gli avevo lasciato su di me stava scemando, proprio perché l'avevo sfidato a venire con me da Nora.

Ho rischiato il tutto per tutto.

Se mi diceva di sì, avrei rovinato quel nostro ritrovarci dopo tanto tempo, ma sapevo bene che Christian è uno che scappa davanti alla normalità.

Ho suonato il campanello con le gambe che mi tremavano.

Erano passati troppi anni per non sentire come fiamma viva l'emozione dentro di me.

Sono entrata in casa sospesa nell'aria.

Erano mesi che non tornavo lì e mille anni che non mi guardavo dentro.

Baciai Nora, baciai Francesco e strinsi la mano a Diego.

Lui non si avvicinò a me per tutta la cena se non con lo sguardo caldo che ho sempre amato, ma che mi aveva anche spaventata.

Parlammo di tutto, anche del Gioco dell'Estate e nessuno menzionò Christian, io non me ne accorsi neppure.

Il suo "ti trovo sempre bene come un tempo" mi ha ricordato tutti i giorni, i mesi, gli anni passati.

Erano solo le undici, ma non sono più riuscita a rimanere lì.

La nostalgia, il dubbio mescolato al dispiacevole pensiero di aver sbagliato tutto, la gioia di essere finalmente come a casa: un'insalata di emozioni che sentivo soffocarmi.

Alla fine, sei stata proprio tu, Carolina, a darmi il colpo di grazia.

Mi sono alzata di scatto chiedendo:

"Chi vuole un caffè?"

"Lo preparo io, è da tanto tempo che non ho Carolina tra le mie mani!"

Ho fatto finta di non capire il doppio senso di Diego, altrimenti me ne sarei dovuta andare via subito.

Non ho mai tradito Christian, perché ho sempre pensato che se non lo facevo io, forse anche lui poteva non averlo fatto o se lo aveva fatto avrebbe smesso di farlo.

Quella sera, quel tuo caffè, Carolina, era identico per sapore e profumo a quello della mia casa di bambina.

Tutto mi fu talmente tanto chiaro che ne ho avuto paura e sono scappata di là uscendo in fretta, ma Diego mi ha fermata sulla porta con un:

"Aspetta, ti accompagno alla macchina, voglio mostrarti una cosa giù in garage, me lo concedi?"

Nora non mi ha dato il tempo di pensare e mi ha incoraggiato con un: "È il minimo che tu possa fare dopo tutti questi anni!"

In effetti.

Siamo scesi per le scale senza neanche sfiorarci, siamo entrati nel garage e Diego ha acceso la luce.

Si è avvicinato a un telo che nascondeva qualcosa, ma io ero troppo confusa per capire e lui con un solo gesto ha scoperto la sua vecchia moto: l'Africa Twin 650.

"Ti ricordi Marcella? La vendo domani, è per questo che sono passato di qua."

"Non per me...?" che patetica che sono stata, ma mi sono uscite così quelle tre parole.

Ho avuto paura che tutto finisse lì.

Diego ha sorriso, in qualche modo doveva farmela pagare.

"Ti va di fare un ultimo giro con me?" e lentamente ha aperto il portabagagli e ha tirato fuori il mio casco bordeaux: "Questo è tuo, mi sembra, l'avevi lasciato qua alla fine di quell'estate!"

Siamo andati a Bologna, lassù a San Luca e non è accaduto nulla.

Mi ha solo abbracciata e all'orecchio mi ha sussurrato:

"Vuoi fare il Gioco dell'Estate con me?"

Non mi ha dato il tempo di rispondere e ha continuato:

"Ora le regole le decido io: oggi è il 14 giugno, domani parto e sto via un mese, ci rivedremo il 15 luglio, non ci sentiremo mai in questo periodo, non ti darò il numero del mio cellulare, tu tornerai a casa stasera come nulla fosse successo. Ti farò sapere, a tempo debito, quando e dove ci incontreremo."

Mi ha riaccompagnato alla macchina tenendomi per mano e ha appoggiato il mio casco sul sedile di fianco al guidatore.

"Tienilo sempre con te, non si sa mai. Domani non venderò la moto, la tengo fino alla fine dell'estate."

17.
**La decisione**
*La scelta finale è l'inizio di ogni impresa*


Lo so Carolina che tu vorresti che scegliessi Diego, ma come faccio a lasciare Christian?

Quando mi sono sposata volevo che fosse per sempre.

Per me il matrimonio è per sempre!

Quel 15 luglio è arrivato e io ho avuto paura di non vedere Diego.

Uscita dallo studio stavo per salire in macchina, quando ho sentito la sua voce:

"Prendi il casco che andiamo a fare un giro."

Dopo due ore eravamo al mare.

Ho detto a Christian che sarei rincasata tardi, molto tardi, ma intanto lui arriva sempre dopo di me, qualsiasi ora io rientri.

Abbiamo guardato le stelle, parlato di tutto, soprattutto dei suoi viaggi, ma mai di noi due.

"Ma che fine ha fatto Olivia?"

"È sempre la mia miglior collega e amica."

"Siete riusciti a rimanere amici dopo che la storia è finita?"

"Non abbiamo mai avuto una storia... Non potevo venire al matrimonio di Nora e Francesco da solo."

Mi ha riaccompagnata a casa come nulla fosse, senza chiedere come stavo o cosa pensavo, se non comunicarmi che:

"Domani parto di nuovo, torno il 10 agosto e passeremo insieme la notte di San Lorenzo. Ti porterò il più possibile vicino alle stelle!"

Ho trascorso quel mese cercando di sottolineare tutto quello che di bello aveva Christian.

Ho pensato e ripensato a quanto mi abbia amata, ma non sono riuscita a ricordarmi da cosa avevo capito che lui mi amasse veramente.

Ci sarà pure stato un momento in cui ha fatto o detto qualcosa che mi ha sconvolta e in cui ho pensato:
"È pazzo di me e mi porterebbe sulla luna"...?!
Sì, lo so che c'è stato, ma non mi viene in mente!
È successo di sicuro, ma non sono capace io di ricordarlo adesso!
È senza dubbio un'altra mia cecità.
Ma cosa sto dicendo?
Per qualsiasi uomo io abbia avuto nella mia vita (non è che ne abbia avuti mille) ricordo l'istante esatto in cui ho capito che mi amava, ma di Christian non ho in memoria quel momento.
La notte di San Lorenzo è arrivata e siamo andati in cima al Monte Cimone, a 2165 metri d'altezza, "il più possibile vicino alle stelle", mi aveva detto.
Diego non è uno di quegli uomini che parlano tanto per fare; quando ti promette qualcosa, è perché sa di poterlo mantenere.
Siamo saliti all'imbrunire e abbiamo cenato sulla vetta, vicino alla piccola chiesa della Madonna delle Nevi.
Nel suo zaino aveva portato tutto: ha stappato una bottiglia di Campanone e mi ha servito la mia torta preferita, quella di riso.
In quel momento magico ho pensato a tutti i ristoranti lussuosi in cui ho cenato in questi anni con Christian: "Perché se dobbiamo mangiare da qualche parte, dobbiamo farlo da signori. Non ti porterei mai a fare un pic-nic!"

Mi sono accorta che mi mancava la semplicità delle mie origini e quella notte, quando ho visto una stella cadente, le ho chiesto:

"Fa' che io, questa volta, scelga bene il mio futuro!"

Anche quella notte siamo stati solo abbracciati a parlare e più lui non ci provava ad avere altro da me e più io avevo paura d'illudermi.

Non mi ha mai chiesto di Christian.


Era come se fossimo veramente solo noi due.

Mi ha fatto assaporare il piacere dell'incontro, senza mettermi nelle difficoltà che un tradimento comporta.

Lo so, lo so, che forse è stato anche peggio di un tradimento consumato, perché per me, in quelle ore, era come se mio marito non esistesse.

Era chiaro che Diego non volesse perdere quell'ultima possibilità che aveva con me, ma non sapevo fino a che punto desiderasse arrivare con il suo Gioco dell'Estate.

Senz'altro ho raggiunto il massimo del desiderio senza possibilità di sfogarlo.

La nostra è stata la vera espressione di un amore coinvolgente, forse un po' adolescenziale, ma nessuno dei due ha cercato di farlo durare solo il tempo di una notte. Nelle settimane successive mi sono chiesta spesso "e se alla fine di tutto si vendica e se ne va per sempre?"

Nora non poteva permettere che mi facesse una cattiveria del genere!

È anche vero, però, che era sparita di nuovo.

Dopo quella cena a casa sua le ho telefonato per ringraziarla e raccontarle quanto accaduto e lei, dopo qualche giorno, mi ha scritto un messaggio:

"Non voglio condizionare le tue scelte, sentiti libera come non lo sei mai stata!"

Come non lo sono mai stata.

Io sono stata libera di scegliere Christian o forse ho scelto lui proprio perché tutti mi dicevano che non era per me e volevo dimostrare che si sbagliavano?

Se così fosse, in realtà non sono mai stata libera di sceglierlo, perché condizionata dai miei pregiudizi.

La notte di San Lorenzo sono riuscita a chiedere una cosa a Diego:

"Ma non ti sei mai innamorato di qualcuna in tutti questi anni?"

"Ho avuto tante storie, ma nessuna donna mi ha mai truffato come te con un Gioco dell'Estate!"

Me l'ha detto ridendo come se finalmente mi avesse perdonata.

Poi è diventato serio:

"In ogni caso, non sono rimasto ad aspettarti, è successo e basta, quindi sentiti libera di fare qualsiasi scelta, quando finirà l'estate."

Sentiti libera.

Anche lui ha usato le parole di Nora.

Siamo tornati a casa e prima di lasciarmi ha comunicato il nostro ultimo appuntamento: il 20 settembre, l'ultimo giorno dell'estate.

Di nuovo un mese senza sentirlo, senza sapere dove andasse e con chi fosse, senza Nora a cui chiedere.

Sola con me stessa.

Libera di scegliere.

18.

## La rinascita
*È il tempo di raccogliere ciò che hai seminato*


Che follia è stata questa volta il Gioco dell'Estate?

Con la scusa che non si faceva sul serio sono arrivata a vedere cose di me che altri hanno cercato di mostrarmi, ma che mi sono sempre rifiutata di vedere.

E poi, con quel gioco, ho incominciato a ritrovarmi. Anche il 20 settembre è arrivato.

In ufficio ho trovato un mazzo di girasoli e un biglietto.

Vanessa non è riuscita a resistere dal chiedermi: "Di chi sono? Non mi dire del mio Titolare, perché non può mandarli a te e non a me!"

Mi ha fatto pure l'occhiolino mentre mi ha detto che lei e io, per il suo Titolare e per mio marito, eravamo la stessa cosa.

Non è stata tanto l'espressione del suo volto a darmi fastidio quanto ciò che sottintendeva la sua affermazione.

Mi sembrava che volesse dirmi:

"Siamo una squadra, tu sai di me e ti va bene."

Ho pensato a Cinzia e alla necessità di convincermi che si può essere in tre in una storia anche se vorresti essere in due.

Vanessa e io non siamo nulla, neanche amiche, aveva detto bene Martino.

Così mi sono tolta la soddisfazione di aggiornarla sul suo ex:

"Mi ero dimenticata di dirti che ho incontrato Martino, bello come sempre, mi ha detto che è diventato papà!"

Vanessa mi ha guardata e, per la prima volta, da quando ci conosciamo, ho capito d'averla colpita al cuore, ma non a morte, perché nonostante abbia accusato visibilmente il colpo, è riuscita a rispondermi tagliente come una lama che non lascia vivo chi squarcia: "Veramente? Mi fa piacere, almeno lui c'è riuscito!"

Avrei voluto continuare a tormentarla dicendole che sapevo della sorella di Martino e del fatto che era stato lui a lasciare lei, ma la paura della sua velenosità mi ha portato a desistere: sarebbe riuscita ad avere la meglio su di me.

Allora ho preso in mano il biglietto dei fiori e mi sono data coraggio sperando con tutta me stessa che fosse di Diego.

C'era un biglietto d'aereo, destinazione Parigi e una frase:

"Le stelle sono ancora più vicine guardandole dalla Torre Eiffel!"

L'orario di partenza era per le 15 e il ritorno il giorno dopo alle 9, per le 10 sarei stata a casa.

"Vanessa, che tu sappia Christian ha qualche impegno stasera?"

"Ha una cena con un cliente che non conosce e che non ti sto neanche a spiegare, perché è troppo lunga la faccenda."

"Allora digli, per favore, che Nora mi ha mandato questi fiori, perché oggi sono trent'anni che siamo amiche e desidera festeggiare con me a Parigi."

L'ho detta grossa, ma è stata la bugia più credibile che potessi inventare, mentre le loro non hanno mai senso!

C'è sempre un cliente che non conosco e che non mi raccontano, perché intanto, per loro due, sono troppo cretina per capire.

Ma che palle!

È per quello che ho detto quella bugia sull'anniversario dell'amicizia mia con Nora.

Ho cercato di dirla ancora più fantasiosa delle loro, proprio perché fosse chiaro che non sono una sciocca e lei, mentre scendevo le scale, mi ha detto una grande cattiveria: "Intanto lo so che ti sei mandata i fiori da sola! L'ho fatto anch'io delle volte. Nessun uomo manderebbe mai dei girasoli, sono troppo di campo! La prossima volta mandati delle rose rosse, quelle fanno ingelosire Christian!"

Mentre ero in aeroporto mi è venuta in mente la volta che Vanessa aveva ricevuto in studio delle rose rosse ed era andata avanti tutta la giornata a chiedersi ad alta voce:

"Ma chissà chi me le ha mandate?"

Seduta in sala d'attesa trovavo estremamente patetica quella scena, poi un uomo si è seduto al mio fianco: finalmente Diego era lì con me.

"Grazie per i girasoli, ma mi hanno imbarazzata e avevo paura di essere scoperta. Ma che bisogno c'era di mandarmeli?"

"Quando stai per entrare nella vita di una donna sposata o quando stai per uscirne per sempre, almeno cerca d'avvisare il marito. Secondo me, però, non ci sono riuscito, vero?"

È stata la prima volta che Diego ha accennato a Christian.

Era per dirmi che, da lì, il nostro tempo o finiva per sempre o incominciava o che, comunque, era arrivato il momento della scelta: il nostro ultimo incontro, la fine dell'estate e del gioco.

Stavo per rispondergli, ma lui ha appoggiato l'indice sulle mie labbra e ha concluso con un: "Prima andiamo a Parigi".

Quella notte abbiamo camminato e parlato per molte ore.

Ha chiesto in prestito a un suo amico una House Boat ormeggiata sulla riva sinistra della Senna e lì ci siamo addormentati, mentre ci stavamo raccontando finalmente di noi.

La mattina mi ha accompagnato all'aeroporto, ma non è tornato in Italia con me:

"Perché oggi finisce il Gioco dell'Estate e io ti lascio per sempre!"

Mi sono sentita svenire, lui mi ha sorretto e ha aggiunto:

"Non avere paura. Io oggi lascio quella Marcella Monti che si è presa gioco di me tanto tempo fa. Torno in Italia il 23 ottobre, arrivo a Milano alle 18 e 30, se verrai all'aeroporto a prendermi, vorrà dire che mi hai scelto. Non mi rispondere ora, torna a casa e pensaci bene. La mia vita è molto semplice e spesso viaggio, è esattamente come ti ho mostrato quest'estate e non so se sia quello che vuoi veramente."

Tornata a casa mi sono chiesta mille volte cosa fosse bene per me fare.

19.
**Il volo**
*Lascia il nido*


Oggi è il 23 ottobre.

Volevo passeggiare per riflettere ancora una volta sul da farsi, ma è arrivata questa lettera color rosa pesca.

Se l'apro la mia scelta sarà dettata da quanto leggerò?

Non ha senso che io decida in base a ciò che Vanessa potrebbe avermi scritto: Christian merita di essere lasciato, perché non lo amo più e Diego di essere scelto, perché è con lui che voglio stare e io di essere finalmente libera di fare quello che desidero senza essere condizionata dai miei pregiudizi.

Suona il cellulare che ho appoggiato vicino alla lettera su cui leggo, di nuovo, il mio nome scritto da Vanessa. Sullo schermo appare l'immagine di Christian.

L'associazione è immediata.

Vorrei scacciare il pensiero di loro due insieme, ma ora non posso più, ho la calligrafia di lei di fianco all'immagine di lui. Mi sale un moto di rabbia e maldestramente afferro il cellulare urtando la tazza del caffè ormai freddo.

La tazza non regge il colpo ed è inevitabile ciò che accade, rotola e si ferma appoggiata sull'impugnatura e il caffè si versa sulla lettera, la bagna, o meglio, sporca quello che immagino di sporco ci sia scritto lì dentro.

Agitata la prendo e la scuoto per fare scorrere via il caffè. Non so ancora se leggerla, ma lasciarla inzuppare no.

Il cellulare smette di squillare.

Mi sento stupida e non so perché lo faccio, ma corro a mettere la lettera sotto l'asciugacapelli.

Il ronzio dell'apparecchio mi acquieta.

Lo uso sempre quando sono agitata: lo lascio acceso di fianco al mio letto, per terra.

Fin da bambina mamma mi ha detto che mi faceva quest'effetto, che mi tranquillizzava, per quello lo appoggiava funzionante vicino alla mia culla:

"Lo accendevo e tu smettevi di piangere."

"Ma che bell'idea mamma, ma come ti è venuta in mente?"

"Perché era un piacere che avevo io stessa da bambina e dopo l'ho passato a te, un po' come un'eredità!"

Ma quante abitudini può appiccicarti addosso chi ti cresce?

Te le fa passare come tue consuetudini, quando invece corrispondono alle sue.

E quante di queste diventano per noi dei condizionamenti e quindi delle necessità?

Chissà se la Laurea e il Matrimonio fossero realmente mie necessità.

Ora la lettera è asciutta e prendo una delle decisioni più potenti e coraggiose della mia vita: la leggo!

Con il tagliacarte l'apro e scandisco le parole ad alta voce, con solennità:

"Cara Marcella, tu sei e sarai sempre la mia migliore amica. È giusto quindi ...

Accidenti, non riesco ad andare avanti, perché il caffè ha reso illeggibile la frase.

"Ma cosa è giusto?" Lo dico ancora una volta ad alta voce come se ci fosse qualcuno nella stanza capace di rispondermi.

Alzo la lettera al cielo contro luce.

Le parole non sono cancellate, se voglio veramente posso ancora riuscire a leggerle.

Basta solo un po' di pazienza.

Ma io non ho più molta pazienza. Ma se poi leggo queste parole che male possono farmi? Condizioneranno le mie scelte?

Mi arriva l'odore del caffè misto a quello della carta bagnata e asciugata e mi risveglia del tutto dal mio torpore.

Mi sembra di essere nella favola della Bella Addormentata nel Bosco, dopo il bacio del vero amore la Principessa e tutto il reame si risvegliano.

Anch'io sento la mia mente risvegliarsi, è forse finito l'incantesimo?

Quell'odore della carta misto al caffè ha fatto cadere il velo dai miei occhi.

Sono pronta a leggere questa lettera color rosa pesca. Non mi fa più paura. Le parole di Vanessa non possono più ferirmi. E vado avanti nella lettura: "È giusto quindi che tu sappia che tra me e Christian non c'è mai stato nulla d'importante. Non è un uomo che sappia amare, però ci tiene molto a te e capisco che non ti lascerà mai e per questo mi licenzio ed esco dalle vostre vite come tu mi hai chiesto di fare. Lui vorrebbe che io restassi, ma mi rendo conto che tengo troppo alla nostra amicizia e mi fa stare male vederti così triste quando ci guardi e ci immagini insieme. Mi dispiace che non abbiate avuto figli, lui ci avrebbe tenuto molto. Ti voglio bene e voglio dimostrartelo andandomene, così Christian potrà dedicarsi solo a te. La tua migliore amica, Vanessa"

Istintivamente le mie mani si chiudono con la lettera in mezzo, come se facessi un unico applauso.

Guardo Carolina, le sorrido.

Allora è vero che lei, la mia caffettiera, è anche la mia migliore amica: è riuscita a farmi un caffè che si è rovesciato sulla parte più squallida della mia vita.

Mi sento sostenuta nel mio dolore da Carolina e mi fortifica l'idea che la mia scelta non sarà condizionata da quelle parole che ho letto.

Non è cambiato nulla dentro di me, è solo accaduto che Bambi si è rivelata per il Cacciatore che è sempre stata. Ha sparato, ma non mi ha colpita a morte.

Ho capito esattamente dove mi hanno agganciata i due Bambi quando sono entrati nella mia vita: nel mio bisogno di essere riconosciuta come autonoma e indipendente da chiunque, quella che non chiede mai niente a nessuno, quella che dà senza bisogno di ricevere, quella che ha sempre tutto sotto controllo, soprattutto le proprie emozioni.

Quello era il mio punto vulnerabile.

Perché Bambi fa così: intuisce nella preda il suo elemento di vulnerabilità, quello dove l'aggancerà.

Ogni persona ha il suo, ma fa finta di niente, non si dà modo e tempo per riconoscerlo. Sarebbe importante, invece, che ognuno fosse consapevole del proprio, perché è l'unico modo per salvarsi dai Bambi che inevitabilmente si incontreranno nella propria vita: nell'amicizia, in amore, sul luogo di lavoro, in famiglia.

Bambi è abile a mimetizzarsi, non è mai diretto e tu lasci che abbia su di te il potere di condizionarti.

Ora ho messo insieme i vari pezzi, ho ricostruito i passaggi significativi che mi hanno portato ad essere quella che sono e mi rendo conto che non è avvenuto tutto in questa mattinata.

La trasformazione del mio pensiero è incominciata quando ho iniziato a vedere Vanessa con occhi diversi, poi Christian. Poi sono arrivati Martino, Diego e oggi questa lettera color rosa pesca.

È quando decidi di farti delle domande e trovare delle risposte che il pensiero si allarga e lo ascolti.

È quando sei disposta ad accogliere le tue insicurezze che apri la mente e finalmente ti conosci.

All'improvviso ho un'idea geniale.

Piego per bene il foglio color rosa pesca che ho appena stropicciato, lo ripongo nella busta e l'appoggio sul bruciatore più grande del fornello.

Alzo Carolina, come fosse lei la vera eroina della mia storia e la metto perfettamente al centro della lettera per bloccarla, in modo che non possa più sfuggire.

Accendo.

La fiammata non tarda a venire.

È liberatorio il piccolissimo incendio dominato da Carolina, la parte più forte di me.

La carta brucia e rimane la cenere, perfetta metafora della mia vita con Christian e in quell'immagine ritrovo me stessa, persa nel nulla del mio matrimonio.

Non c'è bisogno che Christian conosca il contenuto della lettera, non glielo racconterò.

Se ci penso l'ho sempre saputo che non fosse l'uomo adatto a me fin da quando Pietro aveva cercato di farmelo capire.

Io non ho voluto ascoltarlo, perché lui per tutta la sua vita ha fatto esattamente quello che voleva e nessuno gli ha mai detto di cambiare.

Poi Nora si era permessa di farmi notare che avrebbe preferito qualcuno di meglio per me e questo meglio, per lei, non era Christian.

Proprio lei parlava, lei che mi aveva tradita e non aveva mantenuto la parola data.

Aveva preferito Francesco alla nostra amicizia.

Ma cosa sto dicendo?

Nora non mi ha mai tradita.

Lei c'è sempre stata, anche senza frequentarci, lei è rimasta.

È riuscita a mantenere la distanza giusta da me e aspettarmi fino a quando io non ho capito che stavo sbagliando.

E mia madre?

Per una vita ha esaltato il matrimonio e davanti al mio con Christian l'ha dissacrato, ma io non riuscivo ad ascoltarla, perché mi era difficile capire l'unione dei miei genitori, anche se sono stati insieme per sempre.

Probabilmente papà stesso avrebbe cercato di dissuadermi dall'andare davanti a quell'altare, ma non sarebbe cambiato nulla, neppure se ci fosse stato lui. Papà aveva scelto di non sposare la sua compagna, madre dei suoi figli, come avrebbe potuto sostenermi verso il mio matrimonio? E mamma, come mi ha sempre detto, avrebbe desiderato sposarsi, ma con la certezza che il suo futuro marito la sposasse perché voleva lei come moglie e non per regolarizzare con il matrimonio la sua posizione di madre. A me il suo essere moglie e madre sembrava la stessa cosa, ma non era così.

Una donna e un uomo hanno diritto di sentirsi amati per quello che sono e non solo per quello che rappresentano l'uno per l'altro.

La madre di Christian aveva capito tutto!

Me l'aveva pure detto fin dall'inizio che lui sarebbe rimasto con me per quello che rappresentavo e non mi avrebbe amata per quella che ero.

Lei, però, ha arrecato un grave danno a suo figlio quando ha sentito il bisogno di rendermi partecipe del suo grande segreto nella speranza di avere quel nipote che tanto desiderava.

La verità che mi ha confidato su Christian ha contribuito ad allontanarmi da lui. Da allora, ogni volta che mi racconta qualcosa di sé, di suo padre, di sua madre o della sua famiglia in genere, nulla ha più senso per me. Lui stesso, senza saperlo, non è quello che crede di essere.

E rimango senza parole quando sento qualcuno che gli dice:

"Tuo padre era un grand'uomo" e lui risponde:

"Spero tanto d'assomigliargli almeno un po'!"

"Amore, non potrai mai assomigliargli!" È quello che vorrei dirgli a volte per vendicarmi del male che non mi ha mai risparmiato. Non l'ho fatto e non lo farò, perché sarei stata e sarei sleale come Vanessa.

Io non sono Vanessa, neanche per vendetta.

Quando stamattina mi sono alzata desideravo fare tutt'altro. Sentivo il bisogno di uscire a prendere una boccata d'aria, per ragionare sul come portare avanti la mia idea, non volevo rimanere chiusa nella mia cucina a rivedere tutta la mia vita, come se fossi nella stanza dei bottoni.

Se questa maledetta lettera color rosa pesca mi ha impedito di uscire, non saranno le sue parole a condizionarmi nella decisione.

Mi è difficile ammettere che il mio matrimonio è stato una farsa, una presa in giro a me stessa. Per me era vero, io ho creduto a me e a Christian insieme per sempre, desideravo veramente che fossimo diversi dai miei genitori. Anche se poi alla fine loro due sono riusciti a rimanere davvero insieme per tutta la vita, anche senza il matrimonio!

Io oggi, però, per la prima volta in vita mia mi sento libera d'andare dove desidero.

Diego mi ha detto:

"Se scegli di lasciare Christian, fallo per te e non per noi, perché possiamo provare a vedere se stiamo bene insieme, ma non possiamo sapere come vada a finire. Non lasciare tuo marito per me!"

Io non lascio mio marito per Diego, anche se è stato con lui che ho ritrovato me stessa. Avevo lasciato Diego a causa della mia rigidità, con il pretesto delle regole di un gioco che avevo inventato io.

Poteva essere il mio vero grande amore chi avevo scelto per gioco?

Dopo la vita ha fatto il suo corso, lui è partito e io sono andata in studio da Christian.

All'epoca mi sembrava semplice e lineare; invece, ora, quasi tutto quello che allora pensavo giusto per me, lo vedo sbagliato. Mi alzo, vado a prendere la giacca, è il 23 ottobre ed ho un appuntamento importante a Milano alle 18 e 30.

Sono le 13, è l'ora in cui dovrei preparare il pranzo, ma ormai ho salutato per sempre la mia cucina.

Sono nell'ingresso quando entra in casa Christian, sente puzza di bruciato.

Allarmato crede di venire in mio soccorso:
"Marcella, cosa ti è successo?"
Mi volto, lo guardo dritto negli occhi, sono fiera di me mentre gli rispondo in modo pacato, come non sono mai stata:
"Ho bruciato delle parole, perché inutili per scegliere la mia vita. Voglio il divorzio, Socio!"
È la prima volta, da quando lo conosco, che rimane senza parole.
Non ci sono né vinti né vincitori.
Lui e Vanessa sono perfetti per rimanere insieme, perché lei non se ne andrà e senza di me si accaniranno l'uno contro l'altro nel tentativo di trovare un nuovo modo di soddisfare la loro povertà d'animo.
Sono sulla porta e mentre esco penso che devo sfruttare al meglio l'opportunità che ho d'andarmene con una certa disinvoltura, perché sono economicamente indipendente e troverò un altro lavoro. Non tutte le persone hanno la mia stessa possibilità, purtroppo.
Mi giro un'ultima volta per guardare la mia cucina e torno indietro a prendere Carolina. Non posso lasciarla lì, Christian la considererebbe solo una caffettiera, come io sono sempre stata per lui solo una moglie.
Guardo la tazza rovesciata sul tavolo.
Lei la devo lasciare, non posso portarla con me, Vanessa non mi farà più del male e quella tazza me l'ha regalata lei.
Esco da casa scortata da Carolina, saliamo in macchina. Ho ancora qualche ora prima che Diego arrivi a

Milano. Ho bisogno di stare sola, di comprendere il significato della parola Libertà.

Diego mi ha fatto chiaramente capire che desidererebbe vedermi là, ma è molto rischioso cadere di nuovo nel mio bisogno di fare contenti gli altri.

Ma io?

Se l'ho lasciato dopo il Gioco dell'Estate un motivo ci sarà stato. Mi sento smarrita, per la prima volta nella mia vita sono veramente confusa, ma rimango ferma nella mia scelta d'andare via da casa.

Entro in autostrada ed è lì, quando vedo le indicazioni, che capisco che non devo andare a Milano e giro nella direzione opposta, verso Bologna.

Diego è stato importante nella mia vita e forse lo rimarrà, ma io non sto lasciando Christian per lui.

Non posso certo passare da una storia all'altra.

Voglio andare lontano da tutti in un luogo che mi aiuti a diventare sempre più consapevole delle mie scelte, quelle fatte con la pancia, e delle mie decisioni, quelle fatte con la testa.

È mentre guido che guardo Carolina comodamente appoggiata sul sedile al mio fianco.

Inizio a ridere, di una risata liberatoria e sai perché Carolina sto ridendo?

All'improvviso mi è venuto in mente il perché ti ho chiamata così.

Il significato del tuo nome è esattamente come sono io ora: donna libera.

È vero, l'avevo dimenticato!

## Nota dell'autrice

*E se Bambi fosse un Cacciatore?* dà la luce a un progetto più ampio, che da tanto tempo volevo realizzare: scrivere una serie di racconti che potessero condurre il lettore in un viaggio introspettivo.

L'obiettivo è grande ed è per questo che è stato necessario tenerlo in incubatrice fino a quando non fossi stata in grado di realizzarlo.

Ora sono pronta.

Alcuni dei personaggi che hai incontrato in questo primo racconto saranno i protagonisti delle prossime narrazioni.

Nel mio lavoro ho conosciuto tante persone e mille storie, tutte quelle che mi sono state narrate, ma quanto hai letto non si riferisce a nessuno in particolare e nasce dal frutto della mia fantasia.

Ho descritto ogni personaggio in modo che chiunque possa vedersi come parte attiva nei pensieri, nelle scelte, nei discorsi, perché, anche se so bene che leggere questo libro non è come fare una psicoterapia, penso, però, che questa modalità narrativa sia la più efficace per aiutare chi legge ad allargare il suo pensiero. Perché la Psicoterapia è anche questo: facilitare le Persone a trovare altre chiavi di lettura per muoversi nelle loro vite, senza sentirsi nel solo dovere, ma anche nel piacere, nella soddisfazione, nella propria realizzazione di come stanno conducendo le loro esistenze.

Da qui nasce il nome del progetto "Pensieri in tasca", perché la capacità di analisi prende origine dalla capacità del pensare e di conseguenza, di osservare ciò che ci circonda con occhi diversi. È da quest'ampliamento dell'osservazione che poi possiamo scegliere, nella consapevolezza, come agire nel nostro percorso di vita.

In tasca possiamo mettere le chiavi o quanto ci è utile avere a portata di mano, così come avere metaforicamente i nostri pensieri in tasca, ci consente di usarli conducendoli, senza farci sopraffare da loro.

In tasca, però, possiamo anche riporre ciò che andrebbe buttato, come un fazzoletto sporco, eppure, per qualche motivo lo lasciamo o lo dimentichiamo lì, in fondo alla nostra tasca, pensando che poi ce ne libereremo, o immaginiamo che per quanto usato ci possa essere comodo per qualche altro motivo, oppure... Oppure.... Oppure...

Quanti oppure possono riempire la nostra mente? Ci sono gli oppure che ci permettono di allargare il pensiero in modo positivo e quelli che influiscono negativamente nelle nostre scelte, a noi il compito di trovare l'equilibrio tra questi estremi.

Era il 2014 quando ho finito la prima stesura di questo libro. Ho avuto bisogno di questi dieci anni per capire la forma che era bene che avesse, quella che ritenevo più funzionale nel creare uno strumento utile a chi legge. *E se Bambi fosse un Cacciatore?* nasce con l'obiettivo di essere un libro di formazione, di autoanalisi, di crescita personale, attraverso un meccanismo di proiezione e di identificazione che permetta a chiunque di entrare in questa storia incontrando almeno una parte di Sé. È per questo che potrebbe accaderti di pensare: "Ma anch'io sono così... anch'io ragiono così... ma questa è la mia storia...". Tu non sei uno dei personaggi di questa storia, ma puoi partire da chiunque di loro per riflettere su di te, perché è bene che ognuno scopra chi è.

Questa storia è completamente inventata, se non per dei riferimenti alla mia vita personale.

Le date 14 giugno, 15 luglio, 10 agosto e 23 ottobre sono i compleanni delle mie figlie e di mio figlio. Sono per me date importanti e ho voluto, oltre che omaggiare loro, sottolineare l'importanza del tempo. Capita di lasciarlo trascorrere senza darne il giusto valore. Accade quando ci lasciamo mettere sotto incantesimo o quando le scelte ci fanno paura, perché non abbiamo il coraggio di prendere in mano la nostra vita o perché qualcuno ci minaccia se lo facciamo e ci si ritrova ad essere prigionieri di se stessi o della volontà di altri, o mille altri perché.

L'importante è darsi il tempo per capire e comprendere proprio quel "perché sono a questo punto".

C'è un altro fatto del libro che è realmente accaduto: il Gioco dell'Estate. La vicenda, però, non è andata a finire così come racconto qua, perché, nella realtà, la mia amica ed io abbiamo entrambe sposato il nostro Gioco dell'Estate.

Nella mia formazione di Psicoterapeuta ho frequentato per quattro anni, dopo la Laurea in Psicologia, una Scuola di Specializzazione Sistemico Relazionale. In questi percorsi è necessario, oltre alla parte teorica, formarsi anche nella parte pratica con 400 ore di tirocinio obbligatorie. È stata in questa specifica occasione che ho incontrato la professionista più importante del mio percorso formativo:
la psicologa-psicoterapeuta Paola Mirella Gilioli.

È con lei che ho fatto tutte le 400 ore.

Le devo l'amore e la cura professionale che mi ha dedicato in tutti questi anni, da allora, avevo 26 anni, ad oggi che ne ho 54 e per quanti anni la vita ci permetterà di confrontarci. Non mi ha mai lasciata sola. Lei ha avuto la capacità di prendersi cura di me, io ho avuto la capacità di fidarmi di lei. Anche in quest'occasione le ho chiesto di usare la sua professionalità nel supervisionare *E se Bambi fosse un Cacciatore?*

Con il suo generoso aiuto mi ha donato consigli e proposte che hanno reso questo libro ancora più efficace. A volte mi accade, durante le mie psicoterapie, di pensare a cosa direbbe Mirella a quella persona che ho davanti e che mi racconta della sua vita e così non mi sento mai sola nelle scelte delle mie parole. È capitato che le raccontassi della sua presenza virtuale nei miei colloqui e lei mi ha risposto: "Mi fa piacere stare nella tua tasca e che tu mi tenga in tasca!" È anche per questo che ho deciso di dare a questa collana la forma tascabile e il nome di "Pensieri in tasca" che va ad aggiungere significato e materiale al mio progetto, molto più ampio, del canale di Youtube de "La Fucina dei Pensieri", come è già capitato un paio di anni fa con la realizzazione di "Pensieri al quadro", una produzione di mie frasi associate a mie fotografie.

Mi auguro d'avere fatto un buon lavoro e che questo libro sia quell'utile strumento che volevo realizzare. Questo me lo saprà dire chi lo leggerà, ma so che io, da parte mia, ho cercato di fare del mio meglio. Se ci sono riuscita è stato anche per merito dell'aiuto di una preziosa amica, Margherita Bai, che con generosità mi ha regalato utili consigli per l'editing.